Saber se Motivar
Na vida e no trabalho

Brigitte Bouillerce e Françoise Rousseau
Psicoterapeutas especializadas em técnicas de comunicação aplicadas a administração, vendas e controle do estresse

Consultoria
Ceres Alves de Araújo
Psicoterapeuta doutora pela Universidade Federal de São Paulo (Unifesp)

LAROUSSE
Cultura para todos

Título do original em francês:
Savoir se motiver

Direção editorial **Soraia Luana Reis**
Editora **Gabriela Dias**
Assistente editorial **Adriana de Oliveira**
Tradução **Antônio de Pádua Danesi** e **Frank de Oliveira**
Coordenação e copidesque **Valentina Nunes**
Revisão **Agnaldo Oliveira** e **Beth Honorato**
Capa e projeto gráfico **Megaart Design**
Gerente de produção **Fernando Borsetti**

Dados Internacionais de Catalogação na Publicação (CIP)
(Câmara Brasileira do Livro, SP, Brasil)

Bouillerce, Brigitte
Saber se motivar na vida e no trabalho / Brigitte Bouillerce, Françoise Rousseau ; prefácio de Luiz Alberto Py ; tradução de Antônio de Pádua Danesi e Frank de Oliveira. — São Paulo : Larousse do Brasil, 2004. — (Biblioteca da vida prática)

Título original: Savoir se motiver
Bibliografia.

1. Auto-ajuda – Técnicas 2. Felicidade 3. Motivação (Psicologia) 4. Sucesso I. Rousseau, Françoise. II. Py, Luiz Alberto. III. Título. IV. Série.

04-2098 CDD-158.1

Índice para catálogo sistemático:
Motivação : Psicologia aplicada 158.1

ISBN 2-7256-1900-9 (edição original)
ISBN-10 85-7635-018-1
ISBN-13 978-85-7635-018-7

2ª edição brasileira: 2006
1ª reimpressão: 2007

Direitos de edição em língua portuguesa, para o Brasil, adquiridos por
Larousse do Brasil Participações Ltda.
Rua Afonso Brás 473, 16º andar — São Paulo/SP — CEP 04511-011
Tel. (11) 3044-1515 — Fax (11) 3044-3437
E-mail: info@larousse.com.br
Site: www.larousse.com.br

SUMÁRIO

Prefácio 7

Introdução 9

PARTE I

MUDAR O ESTADO DE ESPÍRITO

Capítulo 1: Como nos desmotivamos 13

Capítulo 2: Por que permanecemos desmotivados 31

PARTE II

MUDAR O COMPORTAMENTO

Capítulo 3: Confiar em si mesmo 43

Capítulo 4: A relação com o outro 65

PARTE III

CRIAR UM AMBIENTE MOTIVADOR

Capítulo 5: Por que e para quem se motivar 83

Capítulo 6: Conhecer-se para se motivar 103

PARTE IV

TOMAR AS RÉDEAS DO PRÓPRIO SUCESSO

Capítulo 7: Explorar seu potencial 115

Capítulo 8: Em sintonia com o ambiente 123

PREFÁCIO

Luiz Alberto Py

A motivação é fundamental para a vida. Sem a canalização da energia vital em um objetivo, a existência perde o sentido. Uma pessoa quando não está motivada vegeta e se arrasta, sofrendo pela insatisfação de não ter um rumo a seguir. É uma situação dolorosa que tende a se associar a estados de depressão e pode gerar enfermidades e morte prematura.

Felizmente, as autoras deste livro desenvolvem a idéia de que motivação é algo que pode ser aprendido e cultivado – e ensinam como fazê-lo. De início, elas abordam o freqüente fenômeno da desmotivação, que, se não for uma grave doença, é certamente um sintoma de que algo anda errado. Observe que isso ocorre habitualmente, com muitas pessoas e sérias conseqüências.

Mas autoras não apenas falam da desmotivação: elas também ensinam ao leitor formas eficazes de superar esse estado negativo. Um dos métodos utilizados neste livro consiste em fazer um exame de consciência a fim de ficar frente a frente com as próprias dificuldades. Esse exame é efetuado por meio de questionamentos que levam aqueles que o respondem a se conscientizar dessas dificuldades para se motivar.

Tal procedimento abre caminho para uma ampla modificação do estado de espírito. Acompanhando os diversos passos oferecidos aqui, é possível, aos poucos, mudar nossa postura até atingirmos o vigor e a exuberância de quem sabe o que quer e sabe como chegar aonde deseja.

Outros métodos didáticos também são empregados com extrema eficácia neste livro. Várias histórias são contadas, com diversas versões assinalando diferentes comportamentos. Elas vêm sempre acompanhadas de perguntas e comentários que estimulam a reflexão e dirigem a atenção para os pontos mais importantes a serem observados. Com isso podemos avaliar as melhores formas de ação e de relacionamento.

Outro aspecto que chama a atenção durante a leitura é a questão da autoconfiança e do melhor uso do nosso próprio potencial. A forma como as questões são abordadas é extremamente útil e serve de estímulo para o aprimoramento pessoal.

Este livro, se bem utilizado, pode transformar para melhor a vida de qualquer pessoa. Com ele, o leitor aprenderá não apenas como se controlar, mas também como desenvolver instrumentos necessários para controlar seu ambiente e sua relação com quem o cerca. Trata-se de um precioso instrumento para quem deseja progredir e se tornar uma pessoa realizada e feliz.

Luiz Alberto Py é psicanalista e psicoterapeuta, diretor da Family Partners (consultoria de terapia familiar da Inglaterra), assessor de programas da Rede Globo e colunista do jornal *O Dia*, do Rio de Janeiro.

INTRODUÇÃO

Quem nunca se sentiu desencorajado nem viveu um período de dúvidas ou de prostração? Será que você nunca esteve diante do fracasso, a ponto de ver sua autoconfiança afetada? Será que jamais precisou enfrentar acontecimentos trágicos com efeitos devastadores sobre sua auto-estima? É bem provável que sim. Você sabe que essas experiências são inevitáveis ao longo da vida e sabe também que elas podem desencadear uma desmotivação mais ou menos acentuada, mais ou menos prolongada.

Nem todas as pessoas, no entanto, reagem da mesma maneira diante das mesmas situações. Algumas se deixam abater facilmente e têm dificuldade para se recuperar. Outras, ao contrário, conseguem rapidamente se motivar de novo, reequilibrar-se e reencontrar tanto a alegria de viver quanto a energia criativa. Essas pessoas parecem mesmo mais aptas a enfrentar os percalços da existência. Elas são a prova de que a motivação é uma das molas propulsoras do sucesso.

O objetivo desta obra é orientar você a encontrar em si mesmo os recursos que lhe permitirão se motivar e ter um comportamento mais positivo nas mais diferentes circunstâncias, sempre visando alcançar seus objetivos.

A primeira parte do livro lhe oferece a possibilidade de realizar uma espécie de "autodiagnóstico". Você aprenderá a tomar consciência do estado de espírito em que vive – ou o de alguém que convive com você – e talvez descubra aí as dificuldades que o impedem de modificar essa situação.

Se nos sentimos desmotivados, é porque nossa maneira de encarar as mais diferentes situações está dominada pela tristeza, marcada pela decepção, frustração, estresse, falta de ambição. Além disso, muitas vezes pode acontecer de termos modelos de vida irreais: nós nos indispomos com o mundo inteiro pelo simples fato de ele não se adaptar a nós, quando, na verdade, o contrário é que seria mais construtivo. Nós nos fechamos numa situação de estagnação e, aos poucos, nos isolamos. Nossa saúde se deteriora, nós nos tornamos ansiosos, insones, agressivos. Analisar adequadamente as causas da desmotivação é a primeira etapa para voltarmos a nos motivar.

Na segunda parte, este livro aborda o conhecimento que temos de nós mesmos, seja por meio da nossa auto-estima, seja por meio da forma como os outros nos enxergam.

Até que ponto confiamos em nós mesmos e nos interessamos por aquilo que tem a ver diretamente conosco? Qual é o lugar que reservamos para as outras pessoas em nossa vida? Como interpretamos a maneira como os outros nos vêem e como reagimos a isso?

Aprender a dar importância a nós mesmos e às nossas relações com os outros é a segunda etapa necessária para nos envolvermos com projetos mobilizadores.

As duas últimas partes do livro são consagradas aos meios e às técnicas que podemos colocar em prática para construirmos nossa motivação.

Na terceira parte, busca-se de compreender a importância de se ter uma vida interior estimulante. É preciso que cada um aprenda a aceitar as próprias emoções, já que elas são fundamentais para o desenvolvimento da criatividade e da imaginação. É preciso conhecer bem também os motivos do próprio desempenho, saber identificar necessidades e antecipar reações, para que possamos aproveitar plenamente nosso potencial. O autoconhecimento e o sucesso costumam andar juntos.

O quarto capítulo é consagrado ao desenvolvimento das qualidades úteis à motivação. Todos nós temos entusiasmo e perseverança. Às vezes, sabemos perceber o ambiente que nos rodeia para desenvolvermos bem e positivamente os nossos projetos. É preciso, portanto, aprender a cultivar essas qualidades para conseguir manter um alto nível de motivação.

Os exemplos, exercícios e conselhos que fazem parte deste livro são ferramentas práticas e eficientes. Este guia se destina a todos aqueles que se sentem desmotivados, que sofrem com isso e desejam reencontrar seu equilíbrio, construindo para si mesmos motivações à prova de qualquer ameaça.

Parte I
Mudar o estado de espírito

CAPÍTULO 1 – Como nos desmotivamos

- Uma postura negativa em relação à vida 13
- Uma postura pouco realista 20
- Testes 25

CAPÍTULO 2 – Por que permanecemos desmotivados

- Isolamento e desmotivação 31
- Saúde e desmotivação 37
- Testes 40

Capítulo 1

COMO NOS DESMOTIVAMOS

UMA POSTURA NEGATIVA EM RELAÇÃO À VIDA

Se você não tem vontade de fazer nada, só quer ficar na cama, chorar e mandar tudo para o inferno; se você almeja estar no lugar de outra pessoa porque ela tem sucesso em tudo o que faz; se você sofre com as situações e acha que não tem sorte; se detesta o mundo inteiro sem saber por quê; se começa uma coisa e diz a si mesmo que terá poucas chances de alcançar um bom resultado, então, é claro que você fracassará!

Pensando dessa maneira, você está encarando tudo com pessimismo, retendo só os aspectos negativos da vida. Assim, você se sentirá doente, apático e deprimido; afinal, você só escuta a si mesmo. Daí é fácil se sentir só e abandonado. Se nada mais o atrai, você acaba achando que não é mesmo capaz de fazer nada de bom.

Por que você chegou a esse ponto? Por que não tem vontade de fazer nada? Por que fracassa naquilo que faz? Por que está se sentindo tão mal e insiste em repetir isso para si mesmo? Simplesmente, porque você está desmotivado!

CATARINA: "QUERO SER VALORIZADA"

Catarina tem 13 anos e desde pequena alimenta grande paixão por desenho. Ela tem bom gosto para se vestir, sabe se pentear e sempre tem boas idéias para decorar seu quarto. Ela demonstra muita criatividade. E é claro que sabe desenhar. Catarina é esportista e pratica patinação artística. Só que seu pai fica o tempo todo repetindo: "Se você não se sair bem em matemática, não vai conseguir nada na vida". De fato, as únicas notas que interessam a ele são as notas de matemática. O resto, ele acha que não tem importância. Catarina então não estuda, inventa mil histórias para justificar seus resultados ruins, sente-se incompetente e não tem vontade de fazer nada. Ela inveja a irmã mais velha por tirar boas notas, sente-se uma idiota. Em resumo, ela está constrangida. Só que seu pai fica

(continua)

Catarina: "quero ser valorizada" *(continuação)*

ainda mais nervoso, enquanto sua mãe tenta entender o que acontece com ela. Após uma longa discussão, Catarina acaba confessando para a mãe que nada daquilo lhe interessa: quer ser decoradora, mas seu pai acha isso ridículo, porque para ele o desenho não serve para nada; só a matemática importa e é necessária para tudo. Mas com as notas que tira nessa matéria, ela não chegará nunca a realizar seu sonho.

Se você vive situações que o desvalorizam, a exemplo do que acontece com Catarina (*ver acima*), ou se você desvaloriza o tempo todo o que está a sua volta, como faz o pai dela, assim você não terá vontade de progredir e também impedirá que os outros progridam.

Catarina sofre com os acontecimentos e parte do princípio de que não é capaz de fazer nada. Ela não confia em si mesma. Será que ela se questiona sobre isso uma vez ou outra?

O pai dela acha que sabe tudo e não tenta compreender o comportamento da própria filha, que é diferente do dele. Ele a desvaloriza, pois não a ouve, nem se esforça para isso.

Nem Catarina nem seu pai questionam a si mesmos. Em nenhum momento procuram aceitar os valores um do outro. Suas atitudes recíprocas os impedem de ser objetivos e de se compreenderem mutuamente.

Se você também acha que sofre com os acontecimentos e que tudo o que acontece é culpa dos outros, do sistema, isso significa que você não se questiona nunca. Você assim se sente triste, tem muita dificuldade em se motivar e, ainda mais, em motivar os outros. Talvez você busque um sentido para sua vida, talvez chegue mesmo a se perguntar o que veio fazer neste mundo!

Para conhecer seu próprio grau de motivação, faça o teste ao final deste capítulo (*ver p. 25*).

As frustrações e a desmotivação

Se Juliano (*ver p. 15*) não fizer nada, vai continuar gerando insatisfações que, por sua vez, vão alimentar frustrações. Estas podem provocar reações agressivas e dar origem a fenômenos ligados ao estresse. O que não ajuda em nada a mobilizar novamente seu pessoal, a motivá-los em torno de um projeto comum. Se Juliano não reagir,

Juliano: "Faço tudo por eles, mas eles não reconhecem"

Juliano é diretor de uma empresa. Ele tem 60 anos e há 30 dirige seu pessoal com autoridade e benevolência. Paternalista, não lhe agrada que seus empregados não gostem dele. Acha que faz muito por eles e se sacrifica por todos. Eles lhe devem tudo.

Depois de seu pai ter criado a empresa, Juliano soube conservar os empregados e garantir a sua fidelidade oferecendo-lhes salários substanciais, os melhores da região. Até hoje eles ainda recebem os melhores salários da região. "Então, por que eles reclamam? Eles querem a mão e o braço", pensa Juliano. "Os carros dos representantes comerciais têm cinco anos, e daí? Eles estão em bom estado e ainda podem durar mais um ano! As secretárias dispõem de um equipamento de informática moderno, mas não sabem utilizá-lo! E ainda é preciso oferecer-lhes três dias de treinamento para aprenderem a lidar com o programa mais recente." Juliano acha que isso é dinheiro jogado fora: "Elas precisam ser suficientemente espertas para se virarem sozinhas. Se não conseguem, é porque não sabem se organizar". Na fábrica há muito barulho e faz calor. Os operários trabalham nessas condições desde 1920, e eles "nunca estão contentes". O desempenho da empresa diminui, os resultados são ruins e Juliano perde a confiança de seus acionistas. Ele tem então uma reunião com o conselho da empresa para discutir a revisão do contrato com os fornecedores. Além disso, o refeitório precisa ser reformado.

O que está acontecendo? Juliano está perdendo a confiança de seus empregados, tem de lidar com um pessoal que se desmotiva constantemente e ele próprio se arrisca a perder sua motivação sem saber por quê!

Não basta mais, como nos tempos do taylorismo (termo derivado da organização científica do trabalho feita por Frederick Taylor, que viveu entre 1856 e 1915), oferecer um bom salário a um empregado para motivá-lo.

sua empresa poderá enfrentar grandes adversidades, difíceis de serem analisadas de maneira racional. Alguns vão dizer ou pensar que a culpa é do sistema.

Cada um de nós tem suas próprias alavancas de motivação. Antes de querer motivar uma pessoa, se é que isso é possível, é preciso descobrir o que a impulsiona, o que chama a atenção dela e o que ela realmente procura. Enganar-se quanto à alavanca de motivação implica não compreender o outro e agir de maneira que se instalem frustrações e carências que se traduzem em desmotivação. Frustração é o estado em que se encontra uma pessoa que se sente incapaz de satisfazer uma necessidade ou mesmo de satisfazê-la como gostaria.

Visões diferentes

VEJA COMO, NUMA MESMA SITUAÇÃO, OS LADOS "OPOSTOS" (JULIANO E EMPREGADOS) REAGEM.

Juliano

- **Decepção:** Juliano está decepcionado com a reação de seus empregados, já que eles recebem os melhores salários da região.
- **Contrariedade:** Juliano fica contrariado porque acha que seus empregados não reconhecem sua dedicação.
- **Injustiça:** Juliano considera uma injustiça o fato de seus assalariados não gostarem dele.
- **Contratempo:** A reunião com o conselho da empresa é uma preocupação a mais, inútil na opinião de Juliano.

Empregados

- **Decepção:** As secretárias estão desgostosas por não receberem um treinamento adequado em informática; apesar de um bom material, elas não podem tirar o máximo proveito dele.
- **Contrariedade:** Os representantes comerciais ficam contrariados porque visitam os clientes dirigindo carros que não são novos. Isso desvaloriza a imagem deles e a da empresa.
- **Injustiça:** Os operários acham injusto trabalhar nas condições impostas por Juliano. Eles executam uma atividade dura e, quando faz calor, a tarefa é ainda mais difícil: "O patrão nem liga para isso", pensam. "Ele não percebe!"
- **Contratempo:** As secretárias acham que trabalhariam melhor se fossem treinadas; elas afirmam que, se há perda de tempo, é por falta de treinamento.

Frustrações comuns e reações inadequadas

Decepção

Eu vi numa vitrine uma roupa que me agradou muito, mas não havia nenhuma do meu tamanho.

- Reação: Minha tarde de compras se perde, não quero comprar mais nada e volto para casa irritado.

Contrariedade

Ninguém me cumprimentou pelo meu aniversário.

- Reação: Fico emburrado durante dois dias.

Injustiça

Ontem fiquei trabalhando até às 8h da noite e hoje me pedem – de novo! – para fazer hora extra.

- Reação: Fico de mau humor o dia inteiro.

Contratempo

Planejei meu dia prevendo medidas muito precisas para resolver urgências. De repente, uma solicitação inesperada e prioritária atrapalhou completamente meus planos.

- Reação: Fico nervoso, perguntando-me quando vou poder fazer aquilo que tinha previsto. Acho que eles não respeitam meu cronograma como deveriam!

Identifique suas frustrações

Que tipos de comportamento lhe causaram suas frustrações? Elas estão na origem da(s) sua(s) desmotivação(ões)?

Para saber o que se quer

Motivados sim, é verdade, mas motivados com que finalidade?

Com freqüência ficamos desmotivados, e nos sentimos pouco à vontade porque não sabemos o que queremos.

João: competente, mas desmotivado

João é engenheiro num conglomerado de informática, mas ele se sente entediado. No entanto, sua competência e suas ambições lhe permitiram atingir um cargo de alto nível. Com 48 anos, é diretor de uma unidade com 500 pessoas e ganha confortavelmente a vida. O que ele gosta é de buscar novas soluções, criar novos sistemas.

Só que há seis meses ele encontra dificuldade para se levantar da cama de manhã. Chega atrasado ao escritório e volta para casa às 18h. Sua mulher não entende, uma vez que ele dificilmente costumava voltar antes das 20h. João tornou-se enjoado, irritadiço, não suporta mais as crianças em casa e os colaboradores no escritório. A situação tornou-se preocupante, e seu diretor-geral marcou uma reunião para tentar saber o que está acontecendo. Ele não tem nenhuma intenção de "se livrar" de João, a quem considera um colaborador eficiente, um dos melhores:

Diretor-geral: "Bom dia, João, você parece cansado, por acaso está doente?"

João: "Estou muito cansado, é difícil levantar-me de manhã, devo estar com alguma coisa, preciso ir ao médico. Há vários meses venho dizendo isso, mas não encontro tempo, o senhor entende, com todo esse trabalho."

DG: "Você tem certeza de que se sente bem nesse cargo de direção?"

João: "Sim, sim."

DG: "Você tem novas idéias para o crescimento da empresa no ano que vem?"

João: "Pensei em dois ou três caminhos, mas depois de refletir, achei ruim, então..."

DG: "Ah, sim! Quais?"

João: "Não é nada muito interessante."

DG: "Mas, João, você não pode dizer isso! Você está com saudades da função que desempenhava antes?"

Evidentemente, é difícil nos sentirmos motivados se, a exemplo de João (*ver acima*), nós não temos nenhum projeto, nenhum desejo, se o tempo todo pintamos um quadro melancólico da situação e se encaramos tudo com pessimismo.

Em suma, João está infeliz porque aquilo a que dedicou tanta energia e sacrificou seu tempo não corresponde ao que realmente esperava. É difícil para ele reconhecer que está decepcionado e frustrado, porque não faz o que gosta. Ele se sente mal, mas não sabe entender por quê. Ele não sabe o que quer porque se recusa a ver a realidade. Para ele, admitir que se enganou seria desonroso. Mas João ainda não analisou bem a situação. Por enquanto, ele está com raiva de tudo e de todos e acredita sinceramente no que diz. Ele não sabe o que quer. Está profundamente desmotivado. No entanto, tem sorte, pois tem um chefe que o escuta, que é motivado e acredita nele.

Nós não agimos, reagimos!

Quando tomamos alguma decisão, quase sempre o fazemos contra alguma coisa ou alguém – e não em nosso próprio benefício. Ao agirmos dessa maneira, nos motivamos num sentido totalmente desfavorável para nós. Esse é, aliás, o tipo de acerto de contas que não traz bons resultados.

Veja se você é realista

- Pense numa situação que lhe parece insolúvel, na qual, como acontece com João, você não sabe o que quer ou em que ponto se considera impotente.
- Pergunte a si mesmo se seu mal-estar tem origem no fato de não saber o que quer, ou pior, de esconder de você mesmo uma realidade que, na verdade, incomoda-o.

Mesmo que a vingança seja considerada "um prato que se come frio", o que pode ser estimulante para algumas pessoas, você não deve se esquecer de que, ao agir assim, poderá chegar aonde não quer, ou seja, aos tribunais, perante sua própria consciência, o que lhe obrigará a arcar a vida toda com as conseqüências de atos motivados por sentimentos tão negativos.

Felizmente, poucas pessoas se deixam envolver por essa espiral e, na maioria das vezes, é a falta de vontade e não a má vontade que guia a nossa vida. Leia a seguir a história de Lúcio e, depois, pergunte-se francamente se, às vezes, você não sofre desse tipo de tentação!

Lúcio: "eles me perseguem"

Estou sempre atrasado. Por isso, todos os dias, sou repreendido por meus professores. Eles não compreendem que não consigo acordar cedo e o que me dizem logo de manhã me faz ficar de mau humor o dia inteiro. Eles me perseguem de todo modo e estão sempre contra mim. A partir de agora vou chegar na hora certa para mostrar a eles quem é o verdadeiro imbecil. Mas como sempre eles encontram alguma coisa para dizer contra mim, desta vez serão obrigados a encontrar outras razões. Terei, assim, a prova de que me perseguem.

Seria mais simples e mais saudável dizer, se estivéssemos no lugar de Lúcio: "Meu objetivo é ter um dia bom; afinal, trata-se da minha vida e não da vida dos outros. Por que tornar as coisas mais difíceis? Farei um esforço e me levantarei mais cedo para chegar no horário".

Nossa cultura e ambiente nos induzem, lamentavelmente, a levantar suspeitas sobre quem se mostra feliz, motivado e bem-sucedido. Para chamar a atenção de outras pessoas, às vezes parece que é preciso despertar lástima. A felicidade, desse ponto de vista, é algo suspeito! Então, exigimos más notícias da mídia, alimentamo-nos dos infortúnios dos outros, desconfiamos de quem é sincero e honesto, de quem é feliz ou nos faz ver nossa própria infelicidade. Mas a felicidade não é proibida!

Vivemos num ambiente que nos impele à morosidade. Se nos deixarmos levar por ela, será difícil reunir as condições necessárias para a motivação. É importante lembrar que, assim como temos o poder de ser infelizes, de resistir, temos também o poder de nos motivarmos para ser feliz. O homem sempre quer se comparar a outro homem. Isso faz parte da nossa própria natureza. Por essa razão, uma dose de individualismo e egoísmo ajudará você a se motivar. Pense: trata-se de você, sua liberdade, seu livre-arbítrio.

Nós resistimos à mudança

Querer se motivar é antes de tudo aceitar a necessidade de mudar. Se não nos motivamos suficientemente, é porque resistimos à mudança: ela nos amedronta, angustia, estressa. O estresse, que é uma reação que exi-

Paulo e Cristina: permanecer ou mudar?

Paulo e Cristina têm dois filhos e moram em Paris, num apartamento de dois cômodos. Pelo mesmo valor do aluguel, eles poderiam estar num de quatro cômodos num bairro mais afastado. Cristina ficaria mais perto de seu trabalho, reduziria em 60 minutos o tempo de seu trajeto. Para Paulo, isso não modificaria nada. Mas Paulo está sempre em trânsito. Quando está sozinha, Cristina sabe que pode contar com sua mãe, que mora a cinco minutos do seu apartamento. Quando Paulo está em casa, eles saem muito à noite – e, claro, é a avó que faz o papel de babá. Assim, apesar das vantagens oferecidas pelo novo apartamento que acabam de visitar, eles hesitam.

ge adaptação física ou psicológica, é proporcional ao grau de novidade e mudança que uma nova situação exige. Por isso, algumas das respostas mais comuns ao estresse são: lutar ou fugir.

Se você resiste a se motivar, essa fuga, com toda certeza, terminará por desmotivá-lo.

É por isso que, para não termos de nos confrontar com a necessidade de tomar uma decisão, invocamos mil e uma razões, adotando comportamentos verbais e não-verbais que são verdadeiras provas da nossa resistência à mudança – e também um reflexo da nossa falta de motivação.

Paulo e Cristina (ver *p. 19*) resistem à mudança, temendo conseqüências que, no entanto, trariam mais conforto a suas vidas. O que acontece é que eles evitam tomar decisões. Mas quando finalmente decidirem tomá-las, poderá ser tarde demais: o apartamento terá sido alugado.

Como estão estressados, os dois não conseguem reagir, mesmo para realizar seus desejos: eles não estão realmente motivados.

Para saber como está sua predisposição a mudanças e seu nível de estresse atual, faça os testes no fim deste capítulo (*ver p. 27-29*). Ao final, pergunte-se se todas as suas maneiras de agir são uma espécie de freio que explicam o porquê de sua idéia não ter passado de um projeto. No fundo, tinha mesmo vontade de colocá-lo em prática?

Uma postura pouco realista

É inútil querer ter uma cobertura de frente para o mar, com um Mercedes na garagem, se você ganha menos de cinco salários mínimos. Esse tipo de sonho só se tornará acessível se você tiver os meios necessários para melhorar sua própria condição. A falta de realismo em relação às suas capacidades poderá deixar você muito infeliz. A felicidade é algo pessoal, para qual cada um deve ter suas próprias necessidades e motivações.

Na vida, todos nós alimentamos ambições diferentes, que são motivadas por nossas condições de vida, nosso caráter, nosso temperamento, nossa filosofia de vida e nossos valores.

Ser uma pessoa motivada e conseguir obter o que se deseja implica antes saber de onde partir e aonde chegar. O caminho a seguir não é, obrigatoriamente, uma linha reta, pois haverá sempre o que ser ajustado ao longo do trajeto – exatamente como faz o marinheiro ou o aviador que corrige constantemente a sua rota.

Para fazer essas correções, é preciso entender que a motivação faz parte do campo afetivo dos indivíduos. Para Daniel Goleman, em seu livro *Inteligência emocional*, "o temperamento é o conjunto das disposições que caracterizam a nossa vida afetiva. O temperamento é dado ao nascer".

Jérome Kagan, da Universidade de Harvard, eminente especialista em psicologia da infância, identificou quatro temperamentos básicos: tímido, ousado, otimista e melancólico. Conforme você se encaixar numa dessas categorias, conseguirá se motivar de modo mais ou menos natural – e mais ou menos fácil. Traços do nosso temperamento aparecem já no primeiro ano de idade, o que permite supor que ele seja determinado geneticamente. Isso não quer dizer, entretanto, que isso seja uma fatalidade. Não caia na tentação de dizer: "Eu sou assim, não posso fazer nada".

Mais adiante (*ver parte III*), você aprenderá a se conhecer e a adaptar sua personalidade ao que você realmente deseja e tem condições de realizar.

Não levemos em conta o fator tempo

Lúcia (*ver abaixo*) não é nem objetiva nem realista. Parece uma menina mimada que quer tudo na hora. Ela se coloca numa tal situação que perde toda a objetividade quanto à sua real capacidade de emagrecer. Sonha perder dez quilos em um mês e faz desse sonho uma realidade possível. Mas assim ela se desmotiva, porque age como um tenista iniciante que se imagina vencendo o campeonato de Roland-Garros um ano após estrear no esporte.

Lúcia: quer ser a Gisele Bündchen

Lúcia não se aceita como é. Acha-se muito gorda e está sempre fazendo regime. Quer perder dez quilos em um mês. Já não come nada e acabou adoecendo. Passa do regime à bulimia ou à depressão. Lúcia é muito infeliz.

Nós nos desmotivamos porque somos muito apressados, queremos resultados imediatos, somos condicionados pelas expectativas da sociedade – que está sempre exigindo qualidade imediata. Identificamo-nos com modelos magérrimas, imaginando que para elas tudo é simples: basta querer para poder.

Nosso ambiente, nossa cultura não nos ensinam a ter paciência. Esquecemos que a espera faz parte do prazer. Que valor tem, afinal, um resultado que não é esperado, mas alcançado facilmente, em comparação com aquele que obtemos com paciência e perseverança?

Não é o caso de concluirmos, então, que é preciso sofrer para merecer o que temos. Não somos masoquistas a esse ponto! Simplesmente é preciso ser realista e ter consciência de que nossa desmotivação talvez seja resultado da pressa e imprecisão em avaliar nossas reais capacidades, nosso temperamento, os meios de que dispomos para conseguir o que queremos, nosso ambiente e nossa própria resistência à mudança.

O que dura muito pode levar à desmotivação?

Vamos responder citando o exemplo da vida conjugal.

O amor nos leva a fazer muitas coisas, inclusive a assumir um compromisso para toda a vida. No começo, acreditamos que aqueles que duvidam da duração da nossa união são imbecis. "Eles não sabem o que é o amor", costumamos pensar. Passados os primeiros anos da vida conjugal, porém, o cotidiano nos reconduz à realidade e nos obriga a ser mais realistas em relação à vida a dois. Muitas vezes, essa postura acaba por levar ao divórcio. Raros são os casais que não precisam mais tarde reconsiderar o que pensavam no início do relacionamento. Por isso, é preciso cultivar a motivação todas as manhãs, ao acordar, e todas as noites, ao dormir.

Fica a pergunta: casamento por amor ou casamento racional? Quando pudermos unir os dois, teremos os ingredientes necessários ao êxito: assim, acordaremos todos os dias com o desejo de continuar, de ir mais longe, com a motivação necessária para persistir.

Com quem nos identificamos?

Desde sempre, conscientemente ou não, procuramos nos identificar com modelos de pessoas que conhecemos no passado ou estamos conhecendo no momento. Admiramos o avô que, começando do nada, deixou um respeitável patrimônio para a família; a mãe, que se sacrificou pela educação dos filhos; o tio, que saiu de casa batendo a porta para fazer sua vida em outro lugar; o primo, que teve sucesso e hoje ganha muito dinheiro; o amigo da família, que dedicou sua vida a diminuir a miséria da humanidade pelos quatro cantos do mundo; o amigo dos pais, que partiu para dar a volta ao mundo num barco à vela ou de bicicleta.

Admiramos homens ou mulheres célebres, esportistas de alto nível, intelectuais, modelos, políticos, generais etc. Vivemos com a imagem deles na mente e nos consideramos pequenos ao nos compararmos com pessoas que, no fundo, achamos fora do comum. Então nos perguntamos: por que eles e não nós? O que eles fizeram de melhor? Por que tiveram sorte? Mas terá sido mesmo uma questão de sorte?

Eduardo (*ver abaixo*) estava motivado e, no entanto, fracassou. Ele não foi realista em relação às suas ambições: pensou – assim como seus pais – que bastaria dizer "querer é poder". Quando criança, ele devia ter sido orientado por pessoas competentes a refletir sobre suas reais possibilidades de sucesso, sobre sua predisposição para vencer naquela carreira. Eduardo foi enganado, iludido por si mesmo e pelos outros. Seus pais não tiveram coragem de adverti-lo porque, provavelmente, também acreditaram naquele sonho. Agora Eduardo perdeu sua motivação.

É mais interessante saber por que os nossos modelos nos fascinam do que tentarmos nos igualar a eles. Analisar objetivamente as razões pelas quais admiramos essas pessoas vai ajudar a nos compreendermos melhor. Admiramos nos outros o que não sabemos fazer, ou o que fazemos mal e gostaríamos de fazer bem. Será que temos condições de realmente nos igualarmos a eles? É importante lembrar que o que faz um indivíduo ser único é justamente o que o difere dos outros.

Eduardo: quer ser Pelé

Eduardo joga futebol desde os 5 anos, sabe de cor a vida de todos os grandes jogadores e sonha ser um Pelé ou um Ronaldinho. Até que ele joga bem, mas, na verdade, não foi feito para esse esporte: sua constituição física é frágil e ele pode facilmente sofrer fraturas. Aos 16 anos, com o consentimento dos pais, que não conseguem dizer não ao filho, ele ingressa numa escola de futebol. Com muita força de vontade e trabalho duro, alcança bons resultados e é contratado por uma equipe da segunda divisão. Está feliz, tem 25 anos, ganha o salário mínimo e, de sua categoria, já se imagina no apogeu da fama. Na primeira temporada, sua equipe se mantém com muito custo na segunda divisão. No fim dessa mesma temporada, os melhores jogadores são contratados pelas equipes de maior prestígio. Isso não acontece com Eduardo, que permanece no seu clube e vive uma sucessão de derrotas. Ao fim de três temporadas, o clube termina arrasado, incapaz de prosseguir e pagar seus jogadores. Eduardo tem 28 anos, está desempregado e, como o futebol é sua única habilitação profissional, ele está de mal com o mundo...

Se retomarmos o exemplo de Lúcia (*ver p. 21*), poderemos pensar que ela gostaria de se parecer com a Gisele Bündchen. Mas será que ela é capaz de suportar o ritmo de vida das modelos profissionais? Será que está disposta a sacrificar tudo pela carreira (a criação de filhos, por exemplo) e mostrar-se sorridente sempre que isso for esperado dela? Conserve os seus sonhos, continue a admirar os seus modelos, mas faça-o com realismo. Não procure imitar apenas o que você realmente pode imitar, mas o que você é capaz de assumir. O que faz sua força é o fato de você ser único.

Faça a seguir os testes "Quero ser como..." (*ver p. 29*) e "Analisando os outros" (*ver p. 30*), que vão ajudar você a avaliar melhor os seus próprios sonhos.

Conheça seu grau de motivação

RESPONDA COM A MAIOR SINCERIDADE POSSÍVEL ÀS PERGUNTAS ABAIXO.

		sim	não
1.	Hoje de manhã você acordou contente, feliz por viver mais este dia?	☐	☐
2.	Você chegou adiantado ao trabalho (caso tenha uma atividade profissional) ou a um encontro?	☐	☐
3.	Você se levantou sabendo o que ia fazer durante o dia?	☐	☐
4.	Você tem projetos definidos para o mês que vem?	☐	☐
5.	Você tem um ou mais projetos definidos para o ano que vem?	☐	☐
6.	Você sabe por quais razões comprou este livro?	☐	☐
7.	Você acha que tem boa saúde?	☐	☐
8.	Você sabe o que detesta fazer?	☐	☐
9.	Você sabe o que preferiria fazer?	☐	☐
10.	Você sabe no que você é melhor? E por quê?	☐	☐
11.	Você sabe no que você não vai muito bem? E por quê?	☐	☐
12.	Há alguma coisa que você gostaria de fazer e não faz?	☐	☐
13.	Você sabe por que não o faz?	☐	☐
14.	Quando começa algo novo, você realmente tem vontade de ser bem-sucedido?	☐	☐
15.	Quando fracassa, você sabe por que isso acontece?	☐	☐
16.	Você já riu ou sorriu pelo menos cinco vezes desde a manhã de hoje?	☐	☐
17.	Quando fica sabendo de uma má notícia que lhe diz respeito, você é capaz de reagir dentro de 24 horas?	☐	☐
18.	Você gosta das pessoas com quem trabalha? Ou com as quais você mantém contato no dia-a-dia (com exceção da sua família)?	☐	☐
19.	Você tenta compreender os outros?	☐	☐
20.	Você acha que os outros podem compreendê-lo ou ajudá-lo?	☐	☐

(continua)

(continuação)

Resultados:

Se você marcou mais "sim":

Você está no caminho certo! Quanto mais respostas "sim" tiver tido, mais condições você tem de se motivar. Você acredita em si mesmo, gosta dos outros, sabe o que quer, e a leitura deste livro vai esclarecê-lo sobre os mecanismos da motivação. Você terá, assim, meios para ser ainda mais eficaz e realista na definição de seus projetos e ambições. Você também irá descobrir que a motivação não é inata, que devemos cultivá-la e fazer por merecê-la.

Se você marcou mais "não":

Coragem! Você deu um primeiro passo positivo ao preencher o questionário honestamente e ao comprar este livro, que pretende ajudá-lo a desemaranhar sua atual visão de vida. A motivação não é algo que se obtém por decreto, e você sabe disso. Não existe um indivíduo mais apto à motivação do que outro. O que existe são indivíduos que foram mais bem preparados. Se você tem vontade – e você demonstrou isso ao se interessar pelo tema –, também poderá compreender os mecanismos da motivação e aplicá-los para si mesmo.

Avalie se você é aberto às mudanças

1. Analise seus comportamentos, seu grau de resistência.
2. Descreva em uma folha de papel um projeto que você concebeu e que deveria provocar uma mudança em sua vida (por exemplo: ter um filho, casar, separar, mudar de trabalho, mudar de casa, fazer uma viagem de férias, trocar o sofá, a cor da parede etc.), mas que não passou de projeto.
3. Lembre-se das suas reações diante desse acontecimento, principalmente quando ele ainda era só um projeto.
4. Quando você falava sobre o projeto, ou só pensava nele, quais eram suas reações?
   Você mudava de assunto.
   Ia ao banheiro ou saía da sala.
   Tinha dor de barriga.
   Achava sempre um pretexto para evitar o assunto.
   Achava que isso só interessava a você.
   Fumava mais, bebia mais.
   Parava de comer ou comia demais.
   Tinha sempre outra coisa para fazer.
   Pensava que sua família ou seus amigos não entenderiam.
   Achava que não tinha meios para realizar o projeto.
   Considerava-se jovem demais, velho demais, grande demais, pequeno demais.
   Não se sentia disponível para pensar nisso.
   Isso não mudaria em nada a sua vida, pois no fundo tudo estava bem.
   Você tinha medo de cometer um erro.
   Não se sentia confiante.
   Achava que se arriscaria a perder seus amigos, sua liberdade.
   Não se julgava capaz.

Atenção: Essa lista não termina aí! Você mesmo pode acrescentar outras possibilidades, como as suas reações pessoais.

Desta vez, deu certo!

1. Refaça o teste acima, desta vez considerando um projeto que se tornou realidade.
2. Compare as duas respostas.

Resultados:
Em ambos os casos, você considerou a possibilidade de haver uma mudança. No primeiro, sua reação esteve mais para a "política do avestruz": você não resistiu, optou pela fuga. No segundo, você decidiu vencer seu estresse, que aí se torna positivo e lhe permite lutar. Seu estresse, proporcional ao grau de novidade, foi positivo em uma das situações – fala-se aí de *eustresse* – e negativo na outra – o que é o *distresse.*

Situações estressantes

Leia a escala abaixo e adicione os pontos relativos aos acontecimentos que o afetaram nos últimos seis meses.

Resultado:
Se você totalizou mais de 150 pontos, seu estado de espírito pode chegar a prejudicar o seu organismo. Você tem muita dificuldade para se motivar com qualquer coisa e também para recomeçar. Sua primeira iniciativa deveria ser a procura de uma solução para tudo aquilo que o preocupa, o distanciamento dos problemas e a aceitação da ajuda dos amigos ou mesmo a orientação de um médico. Aceitar isso já é uma prova de que você é capaz de motivar-se.

Escala de avaliação dos acontecimentos da vida

Morte do cônjuge	100
Divórcio	73
Separação	65
Temporada na prisão	63
Morte de um parente próximo	63
Ferimentos ou doenças pessoais	53
Casamento	50
Perda de emprego	47
Reconciliação com o cônjuge	45
Aposentadoria	45
Modificação do estado de saúde de um membro da família	44
Gravidez	40
Dificuldades sexuais	39
Chegada de um novo membro na família	39
Mudança na vida profissional	39
Modificação da situação financeira	38
Morte de um amigo próximo	37
Mudança de carreira	36
Modificação na freqüência de discussões com o cônjuge	35
Hipoteca ou dívida superior a um ano de salário	31
Modificações das responsabilidades profissionais	30
Vencimento de um empréstimo contraído ou de uma hipoteca	30
Saída de um dos filhos de casa	29

(continua)

(continuação)

Brilhantes sucessos pessoais	28
Problemas com os sogros	29
Começo ou fim de emprego do cônjuge	26
Primeiro ou último ano de estudo	26
Modificação das condições de vida	25
Revisão dos hábitos pessoais	24
Modificação das horas e das condições de trabalho	20
Mudança de residência	20
Mudança de escola	20
Mudança de passatempo	19
Modificação das atividades religiosas	19
Modificação das atividades sociais	18
Hipoteca ou dívida inferior a um ano de salário	17
Modificação dos hábitos de sono	16
Modificação do número de reuniões familiares	15
Modificação dos hábitos alimentares	15
Férias	12
Natal	12
Infrações menores	11
Dois psicofisiologistas norte-americanos, Thomas H. Holmes e Richard H. Rahe, elaboraram esta escala para avaliar a quantidade de estresse a que estamos sujeitos em nossa vida. Essa avaliação foi aprimorada a partir de pesquisas estatísticas e deve ser considerada de acordo com a personalidade de cada um.	

Quero ser como...

1. Pense num personagem que você admira e com quem gostaria de se parecer.
2. Anote o que lhe agrada nessa pessoa.
3. Classifique o que você anotou em várias categorias:
   - Situação
   - Atos e gestos
   - Aparência e qualidades
   - Trunfos e capacidades
4. Faça a mesma coisa com o que não lhe agrada nessa pessoa. Seja objetivo.
5. Compare o que você encontrou com o que sabe sobre si mesmo. Você está habilitado a fazer o que ela faz?
6. Extraia da sua análise o que você procura e pergunte a si mesmo se está sendo realista.

Analisando os outros

PENSE NAS PESSOAS COM QUEM VOCÊ MAIS CONVIVE, NA VIDA PESSOAL E PROFISSIONAL. EM SEGUIDA, RESPONDA "SIM" OU "NÃO" ÀS QUESTÕES:

		sim	não
1.	Ele (ou ela) lhe fala freqüentemente sobre problemas de saúde.	☐	☐
2.	Ele (ou ela) lhe fala sempre dos filhos ou do cônjuge, que, aliás, estão doentes.	☐	☐
3.	Ele (ou ela) nunca teve oportunidade de trabalhar num cargo de destaque.	☐	☐
4.	Ele (ou ela) freqüentemente está presente nos lugares onde acontece alguma coisa desagradável; em todo caso, tem sempre uma "catástrofe" para contar.	☐	☐
5.	Ele (ou ela) está sempre nos ônibus que chegam atrasados.	☐	☐
6.	Ele (ou ela) nunca toma a iniciativa.	☐	☐
7.	Ele (ou ela) considera que já fez demais.	☐	☐
8.	Ele (ou ela) acha que não é especialmente importante saber o que os outros fazem.	☐	☐
9.	Ele (ou ela) passa muito tempo na companhia de um fofoqueiro.	☐	☐
10.	Ele (ou ela) é contra tudo o que é novo.	☐	☐
11.	Ele (ou ela) passa horas ao telefone para saber as últimas notícias sobre os outros.	☐	☐
12.	Ele (ou ela) se diz sempre pronto(a) a ajudar, mas nunca consegue fazê-lo.	☐	☐
13.	Ele (ou ela) nunca tem tempo de fazer seja lá o que for, pois está sempre muito atarefado(a).	☐	☐

Resultados:

Se você respondeu "sim" mais de oito vezes, pergunte-se sinceramente se o seu ambiente é bom, se você está sendo bem aconselhado. Por que decidiu "andar" com essa pessoa? Você se reconhece nela? Provavelmente ela o alivia e o conforta. Ela é como você e não o ajudará a sair da situação em que se encontra. Assim, agarre o touro pelos chifres, volte-lhe as costas ou faça-a evoluir, abra-lhe os olhos e ajude a si mesmo a perseverar no "caminho da motivação". Em vez de responsabilizar os outros por sua infelicidade, pense no que você quer realmente alcançar.

Capítulo 2

POR QUE PERMANECEMOS DESMOTIVADOS

Isolamento e desmotivação

Muitos teóricos sugerem que o indivíduo pode ter maior motivação para se aproximar dos outros se estiver emocionalmente ligado às pessoas que lhe são importantes. Esse vínculo, no entanto, não deve ser exagerado a ponto de afetar sua autonomia, que é o que acontece quando se estabelecem dependências. Essa tese reforça a idéia, apresentada anteriormente, sobre as diferentes relações que cada um de nós mantém com a motivação, já que não temos todos a mesma facilidade para ir ao encontro dos outros.

Em razão da educação que tivemos, teremos maior ou menor tendência a isolar-nos. Além disso, o clima que os outros criam a nosso redor exerce impacto sobre a nossa motivação, contribuindo para reforçar ou diminuir o nosso isolamento. A figura dos nossos pais tem, portanto, papel fundamental em nossa educação para a motivação, já que geralmente os filhos de pais que lhes concedem autonomia condizente com suas idades e aptidões tornam-se mais autodeterminados em sua motivação relacional e permanecem, assim, mais ligados afetivamente à família.

Corina, Fernanda e Marta: três formas de educar

Corina, Fernanda e Marta são mães. Cada uma delas tem dois filhos com idades de 3 e 5 anos. São amigas e costumam se encontrar nas tardes de quarta-feira, no parque ao redor do *playground*.

Corina é incapaz de manter uma conversa descontraída com suas duas amigas e fica o tempo todo vigiando seus filhos, interpelando-os, chamando-lhes a atenção a fim de lembrar de que ela está lá, que os ama, que eles são bonitinhos, que é hora de pôr um casaco, um gorro, que não devem se sujar. Em resumo, Corina está o tempo todo atrás deles, angustiada e estressada.

Fernanda parte do princípio de que

(continua)

CORINA, FERNANDA E MARTA: TRÊS FORMAS DE EDUCAR *(continuação)*

está ali também para se distrair, para conversar com suas amigas, pois, afinal, o parque é um lugar fechado, seus filhos não correm perigo, não podem ir muito longe e, se sentirem fome ou frio, saberão o que fazer. E se brigarem com outras crianças, eles que se virem. Enfim, ela deixa as coisas acontecerem. Corina não consegue entender isso e acha que Fernanda é uma "folgada".

Marta, assim que chega ao parque, explica aos filhos o que podem ou não podem fazer, mostra-lhes o lugar onde está sentada com as outras mães e avisa que os chamará para lanchar. Enquanto conversa com as amigas, vigia-os discretamente, sem nada dizer.

Os filhos de Corina são birrentos e não dão a mínima para sua mãe.

Os de Fernanda são meio aéreos, é difícil falar com eles.

Os filhos de Marta são considerados "fáceis" por suas duas amigas: "Que sorte a sua."

Você acha que Marta (*ver acima*) simplesmente teve sorte?

Na verdade, ela soube criar um clima de confiança em torno dos filhos, desenvolvendo-lhes o sentido de autonomia. No parque, como em outros lugares, eles já começam a cuidar de si mesmos.

Fernanda e Corina, angustiadas ou desinteressadas, queixam-se da instabilidade de seus filhos, que têm dificuldade para cuidar de si mesmos, que fazem isso ou aquilo... "Nada lhes interessa, a não ser tolices", dizem.

Se os pais ou aqueles que desempenham o papel de pais não têm motivação, são indiferentes ou deixam as coisas acontecerem, os filhos vão evitá-los e procurar estímulos no ambiente relacional.

Em compensação, se eles estão sempre presentes, colocando limite para tudo, os filhos resistem a consolidar sua própria autonomia.

FATORES QUE CAUSAM LIMITAÇÃO, INIBIÇÃO E ISOLAMENTO

As influências que recebemos na infância são fundamentais para definir nossa personalidade e determinar a facilidade que teremos ou não para nos motivar.

Nossa educação, assim como as palavras que trocamos com os outros, influenciarão nosso isolamento ou, ao contrário, facilitarão a abertura que teremos para o mundo e as demais pessoas.

Depois de ouvir essas frases não tão agradáveis, observe o efeito

"Você de novo!"

- Faça uma lista com as expressões que não gosta de ouvir. Depois diga a si mesmo que aquilo que você não gosta de ouvir, os outros provavelmente também não gostam.
- Imagine o efeito que essas frases têm sobre você.

que uma acolhida reticente de seu chefe pode causar em você. "Você de novo!": com essa expressão, ele pode provocar em você uma atitude mental negativa, de fechamento. Você se sente desmotivado porque não vê motivo em trabalhar com alguém que não exprime um mínimo de consideração por você.

Entre os fatores que causam limitação ou inibição estão palavras, expressões, reflexões negativas, ofensivas ou agressivas. Na maioria das vezes, trata-se de manifestações espontâneas expressadas num tom repreensivo, seco, contundente. Veja algumas frases que não devem ser usadas a fim de evitar esse problema:

- Você ainda não terminou!
- Atrasado de novo!
- Isso foi tudo o que você fez!
- Você podia ter feito melhor!

Léo: em busca de reconhecimento

Léo tem 10 anos. Como todos os meninos da sua idade, freqüenta a escola. Prefere o fundo da classe e costuma tirar notas baixas. Apesar de todas as artimanhas de que lança mão para minimizar o problema aos olhos dos pais, ele é constantemente repreendido. Dessa vez, sabe que foi longe demais: seus pais lhe proibiram de jogar futebol até o final do ano. Pobre Léo – ele é o capitão do time e, além disso, é um bom jogador!

Então, ele diz a si mesmo que, se tirar melhores notas durante 15 dias, talvez seus pais mudem de idéia. E assim Léo se põe a estudar. Tira sete em matemática, matéria na qual, nos melhores dias, não tirava mais do que cinco ou seis. Orgulhoso, mostra as notas à mãe, que lhe diz: "Isso é normal!". Quanto ao pai, sentado diante da televisão, nem sequer dá ouvidos ao filho. Léo não desanima e por 15 dias volta sempre com boas notas. A mãe não faz comentários, o pai limita-se a achar graça. "Quando eu não fazia nada", pensa Léo, "eles se interessavam por mim, repreendiam-me, reagiam. Agora que estou estudando, nenhuma reação..."

Para compreender Léo

- Descubra na história de Léo os fatores que causam inibição e limitação. Explique por quê.
- Que tipo de emoções são percebidas por quem fala e por quem é alvo dos fatores que causam limitação ou inibição?

Léo (*ver p. 33*) é aparentemente um mau aluno, mas há um motivo para isso. Prova disso é que, quando se dá ao trabalho de estudar, ele tira boas notas. E seus pais, sempre presentes para repreendê-lo, estão espantosamente ausentes para incentivá-lo! O fato de nada dizerem quando Léo tira notas boas, ou, pior ainda, de acharem isso normal, sem recompensar o seu esforço, fará com que ele tenha vontade de voltar à situação anterior. Ele encontrara uma motivação para tirar boas notas: o jogo de futebol. E a encontrara sozinho. Então, de repente, ele se sente bloqueado pelos pais, que nada perceberam. O que Léo vai fazer? Vai se isolar, fechar-se em seu mundo, ao lado do mundo de seus pais, criando barreiras entre os dois. Ele acha que seus pais zombam do que lhe agrada. E como seus pais não se interessam por ele, procurará outros modelos. Por isso, Léo se sente só, isolado, desmotivado.

As reações de cada um

1. Lembre-se da última vez em que se sentiu agredido e se viu subjugado por comentários ou atitudes que o inibiram (fenômeno/limitação). O que sentiu? Isso lhe deu vontade de continuar ou desmotivou você?
2. Pense na última vez em que outra pessoa tenha sido alvo de um fator inibidor criado por você. Imagine o que ela deve ter sentido. E você, o que sentiu?

Reconhecimento e isolamento

Para completar a análise da história de Léo, podemos dizer que ele está em busca de sinais de reconhecimento. Para ele, mais valem sinais negativos de reconhecimento do que nenhum sinal.

Da mesma forma que necessitamos de autonomia, não podemos viver sem sermos reconhecidos. Precisamos sentir que existimos. Já foi comprovado, aliás, que um lactente sem atenção da própria mãe não se desenvolve e acaba adoecendo. Uma mulher esquecida, por se sentir só, corre o risco de se descuidar.

A análise transacional (AT)

A AT, criada na década de 1950 por Eric Berne, nos Estados Unidos, é um instrumento de comunicação.

Segundo esse método, a comunicação com os outros é feita através de estímulos ou reconhecimentos (*strokes*) – termo específico da análise transacional –, que podem ser negativos ou positivos e são indispensáveis ao nosso desenvolvimento. *Strokes* são todos os sinais de reconhecimento que dirigimos ou recebemos dos outros. Podem ser verbais ou não-verbais. Existem reconhecimentos positivos e reconhecimentos negativos. Esses sinais de reconhecimento, nós aceitamos, recusamos, pedimos ou damos.

Segundo Eric Berne, não podemos viver sem reconhecimento. É preferível ter reconhecimentos negativos a não ter reconhecimento algum.

Os reconhecimentos (*strokes*) respondem a um grito interior, consciente ou inconsciente: "Eu existo, diga-me isso; ame-me ou deteste-me, mas prove-me que estou vivo e que você se interessa por mim. De que servem minhas motivações se elas não lhe interessam?".

Exemplos de Reconhecimento (*Strokes*)			
Reconhecimento positivo: "Seu casaco é encantador"		**Reconhecimento negativo: "Você está com um aspecto ruim"**	
Resposta quando o reconhecimento é	**Conseqüência sobre a motivação**	**Resposta quando o reconhecimento é...**	**Conseqüência sobre a motivação**
Aceito: "Obrigado, eu gosto muito dele."	Positiva	**Aceito:** "De fato, não estou me sentindo bem."	"Tenho razões para estar desmotivado(a). Vou para casa. Quero ficar só."
Recusado: "Você acha? Eu não gosto dele."	Isolamento. "Ninguém me compreende. Estou sem motivação."	**Recusado:** "Obrigado, vou tirar umas férias..."	"Que imbecil! Ele não vale nada. Vou me afastar dele."
Retribuído: "Sua gravata também é bonita."	Positiva para os dois interlocutores	**Retribuído:** "Você também está com um ar cansado..."	"Não estou com vontade de ficar sozinho, sejamos solidários. Isso nos ajudará a avançar."
Pedido: "Obrigado. Você não acha que a cor combina comigo?"	Necessidade de ser tranqüilizado	**Pedido:** "Ah, é? Estou com cara de doente?"	"Ele tem razão, não estou conseguindo fazer o que planejei para hoje."

Julieta: falta de reconhecimento

Julieta tem 20 anos, é tímida, bonita, sonha em fazer cinema. Esta manhã ela está em plena forma, pois vai enfrentar uma entrevista. Se for aprovada, participará como figurante de um filme que será rodado em sua cidade. Suas amigas tiveram muita dificuldade para convencê-la a comparecer. De fato, Julieta não está muito segura de si e sente uma necessidade permanente de ser tranqüilizada quanto às suas capacidades, seu físico etc.

Ao sair de casa, toda cheia de si, ela encontra Alexandre, um velho amigo que não via há tempos.

"Bom dia, Julieta, que bom te encontrar. Você me parece um pouco cansada. Seu aspecto não está nada bom", ele diz. Julieta concorda e conversa alguns minutos com Alexandre, que está com pressa e logo vai embora.

Ela não sabe bem por quê, mas de repente começa a se sentir cansada. Todo o seu bom humor e sua segurança foram embora junto com Alexandre. Ao chegar ao local da entrevista, mal consegue sorrir e acaba se isolando num canto. Isso não causa boa impressão e ela acaba sendo dispensada. Decepcionada e amargurada, ela volta para casa e se tranca em seu quarto.

Antes de ir à entrevista, Julieta (*ver acima*) saiu do seu isolamento. Procurou nos outros os sinais de reconhecimento que lhe dariam a coragem para vencer a timidez natural e se soltar na entrevista. Motivada, reergueu-se, saindo de casa leve e despreocupada. De repente, bum!

Alexandre, inconsciente do impacto negativo de suas palavras, vem e estraga tudo! Julieta se fecha, isolada em seu quarto, e perde grande parte da motivação inicial.

Conheça sua própria capacidade de dar e receber reconhecimentos fazendo a reflexão abaixo e o teste ao fim deste capítulo (*ver p. 40*).

O ato de reconhecer

Reflita sobre os últimos sinais de reconhecimento que você recebeu e deu:

1. Eles foram aceitos, recusados, pedidos ou retribuídos?
2. Quais foram as conseqüências sobre sua motivação e sobre a motivação daquele ou daqueles que os receberam?

Saúde e desmotivação

Com base na história de Ana (*ver abaixo*), o que poderia estar acontecendo com ela?

Que efeitos seu estado atual tem sobre a sua saúde? O que vai acontecer se Ana não se reerguer? Ela está totalmente desmotivada. É essa desmotivação que traz conseqüências para sua saúde, ou é a saúde e a fadiga que resultam em falta de motivação? É mais ou menos a história do ovo e da galinha.

Ana: desmotivação à flor da pele

Ana é uma mulher de 35 anos, casada, mãe de três filhos. Parou de trabalhar quando nasceu o seu segundo filho, há sete anos, para se ocupar da educação deles. Paulo, o caçula, hoje tem três anos e meio e freqüenta o jardim-de-infância. Ana começa a ter saudade do tempo em que era a jovem e dinâmica funcionária de um grande banco, época em que fraldas, babá, marido e assuntos do lar, em geral, eram motivo de brincadeiras.
Ainda ontem ela teve uma discussão a esse respeito com Francisco, seu marido. Francisco percebe que a mulher não está bem. Ela não dorme, não come e emagreceu muito. Nos últimos cinco meses só fizeram amor cinco vezes e, ainda assim, porque ele insistiu. Francisco não pode fazer o menor comentário que ela logo se exalta. Ele quer que sua mulher retome a atividade profissional. Está convencido de que é isso que ela precisa. Quando ele aborda o assunto, Ana responde: "Mas eu sou muito feliz. Cuido dos meus filhos. Eles precisam de mim. Como posso trabalhar com três filhos pequenos? Depois que o último entrou na escola, disponho de mais tempo e já posso cuidar melhor de mim". A última vez em que fez esse discurso, a amiga Brigite lhe disse: "Muito bem, então você deveria retomar a dança. Além disso, você que ia regularmente ao cabeleireiro, devia ter voltado ao salão depois que eles entraram na escola".
Ana foi ao cabeleireiro há três meses; quanto à dança, pensou um pouco no assunto, mas depois não teve mais tempo.

Ana sofre de insônia, está à beira da anorexia, é agressiva e já não tem vontade de fazer amor. Tem medo de mudar seu modo de vida e, quando alguém toca no assunto, logo se irrita. Se não conseguir sair desse caos, poderá sofrer uma depressão real e imediata. E ainda perder o marido, que talvez vá buscar fora o que não encontra em casa. Na origem das escolhas feitas por Ana estão seus filhos, que não entendem o que está acontecendo. E, é claro, serão todos afetados por presenciarem o desgaste da relação e, quem sabe, até mesmo a separação dos pais.

Veja alguns dos efeitos que a falta de motivação pode acarretar sobre a saúde:

- Ansiedade
- Insônia
- Obesidade ou anorexia nervosa
- Problemas no comportamento sexual
- Agressividade
- Depressão

A UTOPIA E O FRACASSO

O fato de estabelecermos um objetivo utópico cria uma situação na qual nos sentimos impotentes, nos eximimos das responsabilidades pelo que nos acontece – e sem ao menos reconsiderar a natureza do nosso projeto.

Quando nos esforçamos para alcançar algo inacessível, desviamo-nos do caminho e tornamos impossível o que seria factível. Esse comportamento pode ter conseqüências graves sobre nossa saúde mental e provocar um conjunto de sinais e sintomas que exijam a ajuda de um psicoterapeuta.

AURÉLIO: UMA PEDRA NO MEIO DO CAMINHO

Aurélio tem 18 anos, sonha ser veterinário, embora tenha mais aptidões literárias do que científicas. Mas ele adora os animais e gostaria de cuidar deles. É reprovado no exame para o curso de veterinária e o fracasso leva-o à ociosidade. De repente, passa a achar sua vida banal e sem interesse. Já não tem vontade de nada. Conhece pessoas que, para ajudá-lo, propõem o uso de drogas, que o fariam sentir de novo as sensações ligadas ao prazer.

Avaliando os próprios projetos

1. Reflita sobre o último projeto que você imaginou e que não se concretizou.
2. Pergunte a si mesmo se esse projeto era realista.
3. Quais foram as suas reações diante do fracasso?

Aurélio (*ver p. 38*) não reconsidera a natureza do seu projeto, que talvez seja demasiado ambicioso para suas capacidades. Está, assim, completamente desmotivado, culpando-se em relação ao fato de que deveria achar a vida bela. Sente-se entediado, que não há nada de interessante em sua vida, uma vida que deveria ser alegre e rica em experiências – mas que é bastante chata.

O MEDO E O FRACASSO

Quando o projeto é realista ou acessível, o fracasso, inconscientemente, é voluntário ou quase voluntário. Ele se deve ao fato de termos medo, medo do desconhecido, medo de uma eventual desilusão diante do próprio sucesso! A motivação deve ser consciente e adaptada àquilo que estamos à altura de suportar, de aceitar. Do contrário, vamos nos recusar a ir até o fim e seremos eternos perdedores.

PENÉLOPE: SEMPRE PERTO DO FRACASSO

Penélope está no primeiro ano do curso de direito. Tem 23 anos e, depois de ter fracassado sucessivamente em ciências econômicas, letras e línguas, está novamente às vésperas de fazer novos exames. Penélope é uma jovem séria e estudiosa. Quando se aproxima a época dos exames, ela estuda com afinco. E, no entanto, fracassa.

Para Penélope (*ver acima*) e pessoas iguais a ela, o que conta é a viagem – e não a chegada. Por que certas pessoas se esforçam tanto para fracassar quando estão a dois passos do sucesso?

Dar e receber reconhecimentos (*strokes*)

1. Escolha uma pessoa que lhe parece desmotivada. Pode ser você mesmo ou outra pessoa qualquer.
2. No quadro a seguir, para cada tipo de relação, dê notas à sua atitude ou para as da pessoa escolhida para com os reconhecimentos (*strokes*). Dê nota de 1 a 6. Nota 1 se foi indiferença o que você ou ela sentiu em relação aos *strokes* e nota 6 se, ao contrário, a necessidade de receber muitos *strokes* é mais forte.
3. Some na última coluna o total das notas obtidas, linha por linha.
4. Compare os resultados: quanto maior o número de pontos, mais clara é a atitude correspondente.
5. Que reflexões lhe sugerem esses resultados, de acordo com o nível de seu isolamento ou o da pessoa em consideração?

Relação com / **Reconhecimentos**	**Superior hierár-quico**	**Colega de trabalho**	**Amigos**	**Família**	**Total**
Necessidade de receber reconhecimento					
O que eu recebo em reconhecimento					
O que eu dou em reconhecimento					
Aceito os reconhecimentos					
Recuso os reconhecimentos					
Peço reconhecimento					

Reproduzido com a autorização das Éditions De Vecchi: *Pratique de l'analyse transactionnelle, Laurène Genain e Martine Lerond*, 1988.

Parte II

Mudar o comportamento

CAPÍTULO 3 – Confiar em si mesmo

• Autoconfiança. 43

• Auto-estima 50

• Autoprojeção no futuro 53

• Testes 61

CAPÍTULO 4 – A relação com o outro

• Interesse pelos outros. 65

• O interesse dos outros por você 73

• Testes 79

Capítulo 3

CONFIAR EM SI MESMO

No processo de motivação e desmotivação, a idéia que temos de nós mesmos e dos outros é fundamental. É possível distinguir as pessoas motivadas das desmotivadas pela maneira como elas se exprimem a respeito de si e dos outros. A autoconfiança e o interesse são fatores que desempenham um papel muito importante em nossa tendência a nos motivar ou desmotivar.

AUTOCONFIANÇA

Nos últimos anos, a autoconfiança e a auto-afirmação têm sido objeto de estudos e trabalhos escritos por especialistas de renome. Ter autoconfiança é dar provas de segurança e assumir riscos com certa convicção, a fim de realizar coisas com liberdade e vontade de afirmar-se, sem medo nem agressividade.

Quando não temos autoconfiança, dizemos a nós mesmos (estado interno) ou dizemos aos outros (estado revelado) com freqüência:

- Sou muito tímido, não posso ir lá
- Não ouso fazê-lo
- Nunca serei capaz de tomar a palavra
- Não vale a pena recomeçar
- Não sou capaz
- Farei pior que ele
- Sempre me faço de difícil

Quando damos importância exagerada às mensagens que vêm do exterior, sofremos a influência social. A influência social é o conjunto das pressões sociais (exercidas por um indivíduo ou um grupo) suscetíveis de modificar a personalidade, o pensamento, o comportamento ou as atitudes de um indivíduo. Veja a seguir alguns exemplos:

- Se eu fosse você, desistiria, é muito difícil
- Não aumente seu círculo social, é muito arriscado
- Não deixe seus filhos irem, não é um lugar seguro
- Não continue
- Você não serve para esse trabalho, embora ele lhe agrade

Esses dois tipos de mensagem, as mensagens interiores (de ordem psicológica) e as mensagens exteriores (de influência social), contribuem fortemente para alterar a autoconfiança.

A psicologia e a desmotivação

Desde o século XIX, a psicologia tem se caracterizado como o estudo científico do comportamento e dos processos mentais. Nela existem diversos pontos de vista, como mostra o esquema abaixo.

Eis uma apresentação sucinta de cada ponto de vista detalhada a seguir, e que ajudará você a se situar melhor no estudo sobre a desmotivação.

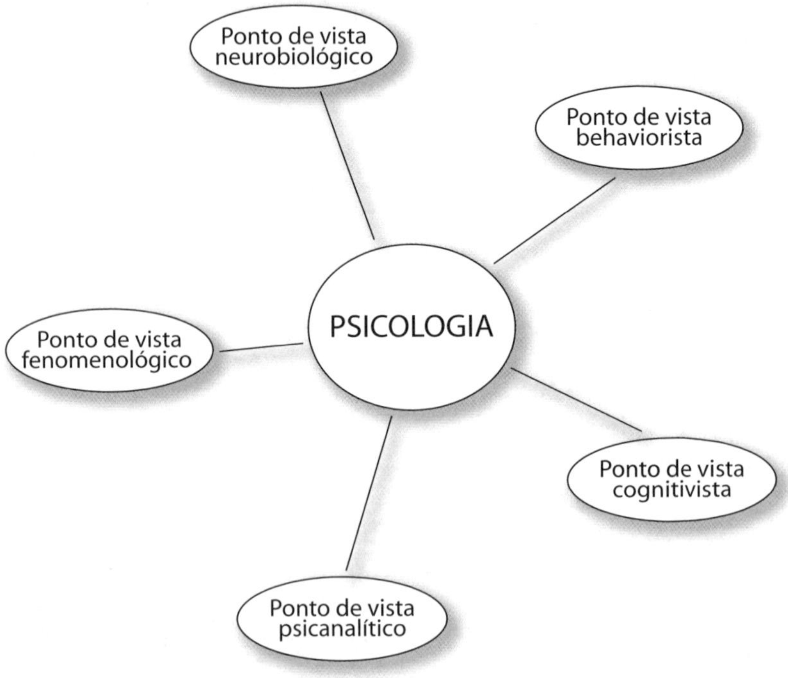

• **Ponto de vista neurobiológico:** trata-se de uma espécie de mapa das localizações cerebrais com uma teoria eletroquímica sobre comportamento
• **Ponto de vista behaviorista:** os behavioristas só se ocupam da observação comportamental. Estudam os estímulos externos e as respostas dadas pelo indivíduo: se mudarem os estímulos, muda a pessoa. O pai do behaviorismo é J. B. Watson (1878-1958), psicólogo americano.
• **Ponto de vista cognitivo:** os cognitivistas acham que o homem é uma grande central de processamento de informações. Suas atitudes são explicadas pela percepção e pelo tratamento que o homem dá às informações que recebe. O método foi criado por M. Wertheimer (1880-1943) psicólogo norte-americano de origem alemã.
• **Ponto de vista psicanalítico:** para Freud e os psicanalistas, o comportamento é explicado com base em conflitos inconscientes que se construíram de forma progressiva na primeira infância, durante o despertar da sexualidade, na relação entre pais e filhos ou com o mundo exterior.
• **Ponto de vista fenomenológico:** para esses psicólogos, o melhor meio de explicar o comportamento de um indivíduo é conversar com ele e tentar, por uma relação clínica não-diretiva, compreender-lhe as motivações com base no modo como esse indivíduo percebe os fenômenos existenciais.

Todos esses pontos de vista são interessantes, específicos e, por vezes, muito complexos. Nesta parte do livro vamos nos concentrar essencialmente nos pontos de vista dos behavioristas e dos cognitivistas. Para estudar os elementos que constituem um estado de motivação, é necessário recorrer à psicologia, já que, como especificamos anteriormente, nosso estado interno ou psicológico é tão importante quanto o contexto no qual evoluímos. Nosso objetivo é analisar os elementos que participam da desmotivação e torná-los acessíveis a todos, sempre fazendo referência a essas diferentes pesquisas.

Complexo de inferioridade

Quando você constantemente se autodesvaloriza ou deprecia seu próprio trabalho, quando menospreza suas atividades sociais, culturais, esportivas ou mesmo sua inatividade, isso com freqüência aponta para um estado interno de desmotivação. Você então procura mil desculpas para todos os seus males. Não se sente feliz, nem muito orgulhoso de si mesmo, preferindo quase sempre se esconder da verdade. Desenvolve, dessa maneira, um certo complexo de inferioridade ou de fracasso que alimenta a sua desmotivação.

Como se manifesta esse complexo de inferioridade?

Em primeiro lugar, você se diminui perante os outros, desvalorizando-se com sua baixa auto-estima. Perde a autoconfiança porque se convenceu de que não está à altura de nada. Além de evocar situações em que se sentiu ridículo, sente-se ainda alvo de "gozações", chegando a pensar e a falar sobre sua quase total incompetência.

Violeta: compensações nem tão doces assim

Violeta é uma jovem estudante do primeiro ano de direito e sempre vê seus amigos saindo, divertindo-se e namorando, sobretudo nas férias. Ela está gorda. Quando está sozinha à noite, come muito, inclusive bombons. Não tem muita consciência disso, mas... É tão difícil parar ou controlar-se!

No fim de semana na casa dos pais, conta-lhes algumas anedotas da semana anterior, cada vez mais desiludida, irônica em relação a si mesma, infeliz e triste. O que ela diz? Vamos escutá-la:

"Ontem à noite, Martim e Marcos foram me ver. Será que não tinham nada melhor a fazer? Sair com um elefante como eu... Eu não tinha nenhuma bebida para lhes oferecer. De todo modo, não queria que ficassem muito tempo, meu pequeno apartamento não é confortável. É escuro e feio. Eles me convidaram para ir ao bar, mas não estava com vontade de fazer nada, além de não ter o que vestir. E depois, não tenho nada interessante para dizer, nem mesmo uma história engraçada. Resumindo, fiquei em casa, e fiz bem! Eu tinha um exame oral no dia seguinte. Se tivesse aceitado o convite, teria me saído mal no exame".

Você é como Violeta (*ver acima*)? Você fala sobre si mesmo dessa maneira? Acredita que é uma pessoa destituída de qualquer interesse? Que não domina nenhum assunto que possa interessar aos outros? Que não tem nenhum encanto? Que é uma pessoa feia?

Complexo de fracasso

Trata-se de um complexo diferente do complexo de inferioridade, mas tem os mesmos efeitos sobre a autoconfiança. Nesse caso, você já não tenta mais nada, pois está convencido de que qualquer iniciativa sua irá fracassará ou que você desistirá diante da menor dificuldade porque... E aí começa a inventar razões.

Gregório: sem ânimo para fazer festa

É a vez de Gregório organizar uma festa de aniversário. Ele e seus amigos haviam combinado que cada um que completasse meio século comemoraria com uma festa especial. Todos deram grandes festas: algumas foram originais, outras divertidas. Agora é a vez dele, que parece cada vez mais desanimado. Precisa organizá-la em novembro. Estamos no fim de outubro: a data não foi marcada e nem os convites foram enviados. Os amigos comentam que é preciso fazer Gregório se mexer. Decidem falar com ele. Durante um encontro num clube de tênis, o assunto espinhoso é trazido à tona. Gregório se sente agredido e responde:
"É verdade que combinamos dar uma festa no nosso aniversário; eu, porém, sou o último e não tenho a menor idéia do que fazer. É mais fácil ser o primeiro. E, depois, qual o interesse de fazer uma quinta festa, principalmente se ela for um fracasso? Além disso, há o meu trabalho, não me sinto motivado. Não tenho mais vontade. É isso!"

Detecte o complexo de fracasso

1. **Observe os outros:**
   Você conhece pessoas que desenvolvem um complexo de fracasso em relação a um esporte? A um trabalho? A uma atividade? O que elas dizem? Acha que essas pessoas se analisam corretamente e com objetividade, ou acha que elas arranjam desculpas para não fazer isso?
2. **Observe a si mesmo:**
   Ouça mais atentamente seus diálogos interiores e o que eles lhe dizem. Sente-se afetado pelo complexo de fracasso? Por quê? Você apresenta explicações racionais, evidentes e lógicas em suas decisões de não fazer algo, ou só arranja falsas desculpas?

A verdadeira razão é que Gregório (*ver acima)* tem tanto medo de não se sair tão bem quanto seus amigos, que a simples idéia de preparar sua casa para receber cerca de 40 pessoas deixa-o estarrecido. Você também está sempre dando desculpas para não realizar seus projetos, igualzinho a Gregório?

Complexo de exclusão

Você se sente freqüentemente fechado num universo de convenções, de valores e de crenças que o limitam. Você fecha suas próprias fronteiras – por exemplo, considerando hostis *a priori* o universo, o ambiente e os outros?

O complexo de exclusão pode aparecer muito cedo. É comum uma criança repreendida pela professora na escola dizer em casa: "As professoras não gostam de mim!". Ou, ainda, se houve um atrito no recreio com outro aluno, dizer: "Ninguém quer brincar comigo". Esse sentimento de rejeição é mais fácil de se compensar e resolver na criança, quando ela vive num ambiente familiar afetuoso. No adulto, um complexo mais amplo, como um divórcio não desejado ou uma dispensa do trabalho, por exemplo, pode resultar em falta de confiança no amor, na amizade e no reconhecimento dos outros a seu próprio respeito.

As expressões de cunho negativo ou "generalizações" do tipo "ninguém me ama" nem sempre significam que a pessoa está se excluindo ou isolando-se, ou mesmo que se sinta rejeitada. Contudo, são expressões quase sempre perigosas porque transformam a realidade, amplificam as situações, agravando-as. E, além disso, baixam a "moral das tropas", contribuindo para desencorajar e desmotivar inconscientemente qualquer indivíduo.

Todos nós tendemos a generalizar. Mas o que é que generalizamos? De preferência o que nos é menos favorável: uma situação de fracasso ou incômodo, um vexame, um sentimento negativo em relação a uma pessoa

Você e a generalização

1. **Generalidade com conotação negativa:** Ninguém gosta dos bolos que faço, ninguém respeita mais nada. Não existe mais verão!
2. **Generalidade neutra:** Os homens são cada vez melhores!
3. **Generalidade positiva:** Todo mundo precisa de descanso. / As pessoas sabem se vestir. / Em todo casamento vemos roupas maravilhosas!

Detecte generalizações

1. Observe as generalições no texto abaixo.
2. Quais são as conseqüências da utilização de um número excessivo de generalizações?

Jane detesta viajar. Acha sinceramente que as pessoas que viajam estão loucas. Existem guerras por toda parte. Nenhum país oferece segurança total. Os hotéis estão cheios de baratas, uma calamidade. Para que se arriscar se todas as sextas-feiras à noite ela pode assistir ao seu programa favorito na televisão? Ela adora esse programa, o único a ter um apresentador simpático e agradável.

que nos incomoda. As generalizações com conotação negativa desenvolvem-se, crescem e sedimentam um complexo de exclusão. Ao transformar uma situação negativamente, criamos aquela sensação de isolamento que nos condiciona e acaba com a pouca motivação que nos resta.

Complexo de culpa

Na maioria das vezes, o complexo de culpa está ligado à educação e aos códigos referenciais que adquirimos e que vão sendo moldados pelas diversas experiências por que passamos durante a vida. Os códigos referenciais correspondem às nossas crenças e valores, ao sentido que damos às palavras elaboradas no âmbito da nossa educação, do meio social, do nosso modo de viver e das influências que sofremos ao longo da vida.

Quando nos comunicamos, cada um de nós, seja o emissor (quem fala, quem transmite a informação) ou o receptor (quem recebe a informação), tem os próprios códigos referenciais.

Em nossa vida social criamos regras e estabelecemos normas a fim de viver em harmonia. Mas a dificuldade em nos situar em relação a essas normas podem resultar em culpa, na medida em que nossos códigos

Ana: criatividade e culpa

Ana carece de autoconfiança. Ela nos conta por quê. "Sou professora do curso primário e com as crianças, tudo vai bem: elas são felizes em minha classe. Tenho uma teoria inteiramente pessoal do ensino da escrita, da leitura e do cálculo. Quero que elas aprendam por prazer e não sob pressão; portanto, tudo é pretexto para brincar. Brincar aprendendo, claro. Percebi que estudar uma matéria de forma lúdica desperta um gosto excepcional pela matéria. Reconhece-se, por exemplo, que o domínio da leitura e o interesse pelos livros ajudam a ter um bom desempenho nas outras matérias. O melhor exemplo se aplica à matemática, em que uma boa compreensão do enunciado favorece a boa resolução de um problema. Todavia, nas reuniões com os pais, eu fico corada, gaguejo, não sei explicar os jogos que ponho em prática para chegar a esse ou àquele resultado. Eles me olham com um ar tão espantado que parecem pôr em dúvida a minha competência. Resultado: já não ouso fazer reuniões com os pais, o que me faz ser repreendida pela diretora. Ela também, aliás, não pára de me julgar. Não consigo deixar de pensar que meu estilo de ensino talvez só dê resultado na minha imaginação porque eu sinto prazer com ele. Como uma criança, aliás."

estão carregados de crenças. E daí elas se transformam em empecilho à criatividade, à originalidade, à abertura. E, é claro, à autoconfiança.

Você se sente culpado com certa facilidade? Sente-se incomodado, policiado, observado, analisado ou mesmo julgado? Se as respostas forem positivas, você sofre de complexo de culpa.

O que você acha dessa história? Será que Ana (*ver p. 49*) tem razão em se sentir culpada? Por que ela enrubesce? Por que gagueja? Será que deve mudar sua técnica de ensino? Se ela desistir, quais serão os efeitos dessa desistência na sua personalidade, na sua autoconfiança e na sua motivação?

A culpa criada pelo comportamento dos pais dos alunos, somado ao da diretora, pode levar Ana a se resignar e a reconsiderar sua maneira de ensinar. Seu sentimento de culpa reprime seus impulsos criativos e está quase a levando a adotar um ensino mais tradicional, com o qual se sentirá desmotivada.

Já lhe aconteceu de dar razão aos outros porque você se sente culpado? Você envia a si mesmo mensagens interiores como provavelmente "devo estar errado, é preciso parar"? Quais são as conseqüências de todas essas normas na sua autoconfiança e motivação, as quais, na verdade, você não gostaria de respeitar porque só atrapalham, mas que ainda assim você aplica?

Auto-estima

Interessar-se por si mesmo é tentar compreender suas atitudes e as dos outros; é igualmente se empenhar em ser objetivo na avaliação que faz de si mesmo e dos outros. Como você se vê? Quais são as suas posições perante a vida? Para saber mais de si mesmo, faça o teste de auto-estima no fim deste capítulo (*ver p. 61*). A imagem que cada um tem de si mesmo, dos outros e da existência pode ser traduzida pelo conceito das posições de vida, oriundo da análise transacional (AT).

Eric Berne (1910-19770), fundador da AT, classificou as posições de vida em quatro grandes grupos (*ver p. 51*). Norte-americano de origem canadense, psiquiatra de formação e leitor assíduo de Freud, Berne criou com a AT o estudo da conceitualização em linguagem simples, das trocas entre as pessoas no âmbito da comunicação verbal, dos comportamentos e dos modos.

Posições perante a vida, segundo Eric Berne	
Eu estou bem, você está mal (+ –)	**Eu estou bem, você está bem (+ +)**
– Posição de arrogância ou de preservação – Sentimento de superioridade – Tendência a desvalorizar o outro	– Eu estou OK, você está OK – Posição de vencedor na vida – Equilíbrio da relação – Respeito e estima recíprocos e verdadeiros
Eu estou mal, você está mal (– –)	**Eu estou mal, você está bem (– +)**
– Posição de desesperança, de perdedor – Desiludido em relação à existência – Tendência à solidão e à depressão – Em caso extremo, suicídio	– Posição de submissão e de vítima – Sentimento de inferioridade em relação aos outros – Tendência a se desvalorizar e a se sentir culpado

Thiago: o recomeço

Thiago tem 40 anos e acaba de abrir um novo consultório dentário. Como não se dava bem com seu sócio, decidiu recomeçar do zero. Ele é o que se chama uma companhia muito agradável. É alegre, engraçado e sempre obteve um certo sucesso profissional e sentimental. Pelo menos até agora.

O recomeço está sendo muito difícil, seu padrão de vida caiu terrivelmente. Todos os seus amigos e colegas o consideraram louco por recomeçar, visto que tinha boa clientela e o consultório ia tão bem. Quando os encontra, aparentemente tudo está bem. "E o novo consultório, Thiago, está satisfeito? Vai tudo bem?"

Risonho e descontraído, Thiago responde:

"Sim, sim, vai tudo bem. Os pacientes gostam da minha cadeira nova e o consultório é moderno, o que me permite trabalhar com gosto e conforto. Vai tudo bem, obrigado".

"Quer sair conosco esta noite? Estamos indo a um novo restaurante."

"Eu iria com todo o prazer, mas não estou livre hoje. Quem sabe da próxima vez."

Thiago se separa de seus amigos com um peso na consciência. Não sabe quando poderá ir ao restaurante. Sente-se envergonhado perante os amigos, mas sobretudo em relação à sua mulher. Está preocupado com o futuro deles. Será que vai decolar como previra? Será que fez a melhor escolha como imaginara? Será que devia ter suportado o sócio para garantir a sua família o mesmo padrão de vida?

O esquema do quadro "Posições perante a vida, segundo Eric Berne" (*ver p. 51*) enfoca as principais influências das diferentes posições de vida e nos fornece pontos de referência interessantes, que permitem que nos situemos nas nossas relações com os outros.

É importante esclarecer que existem quatro diferentes níveis de posição de vida: o nível psicológico, o social, o condicional e o incondicional. Vamos ilustrá-los com o exemplo de Thiago (*ver p. 51*). E para você se autoanalisar usando a teoria desse psiquiatra, faça o teste "Como me comporto" no final deste capítulo (*ver p. 63*).

Sabe-se hoje que nível psicológico é profundo, interior, antigo e em geral inconsciente. O nível social, mais superficial e mais consciente. Acontece com freqüência que a posição de vida social, por exemplo, "eu estou bem, você está bem" (+ +), compensa uma posição de vida psicológica essencialmente muito mais difícil de assumir, por exemplo, "eu estou mal você, está bem" (– +).

É o caso de Thiago, semelhante a tantos outros. A posição de vida aparente é "você está bem, eu estou bem" (+ +). A posição de ordem psicológica é "você está bem, eu estou mal" (+ –). Thiago não quer que sua verdadeira posição de vida seja revelada em seu meio social. Ele está certo ou errado? Aonde essa atitude vai levá-lo, se tal situação perdurar? Por ora, ele se mostra forte, mas resistirá por muito tempo? Todas essas questões devem ser ponderadas quando se adota uma posição de vida social diferente da posição de vida psicológica.

Pode-se igualmente analisar essa história escolhendo os níveis condicional e incondicional das posições de vida.

A posição de vida condicional depende do contexto exterior; é, portanto, mutável e flexível. De acordo com o que faço, sinto-me bem comigo mesmo (+ +) ou cansado, desesperado (– –). De acordo com o que faz o outro, sinto-o bem consigo mesmo (+ +).

A posição de vida incondicional está ancorada em você e é a estrutura psicológica de sua personalidade.

Na nossa história, Thiago está numa posição de vida condicional. O estado interior "eu estou mal, você está bem" (– +) é novo para ele. O perigo, se seus negócios não melhorarem, é que essa posição de vida condicional se torne incondicional. A posição de vida aparente "eu estou bem, você está bem" (+ +) deixará de existir e ele será psicológica e socialmente "eu estou mal, você está bem" (– +).

As posições de vida (– +) e (– –) são o reflexo de uma auto-estima baixa. Nessas posições de vida, desenvolvemos diferentes formas de complexos (de inferioridade, fracasso, exclusão e culpa) que são a origem da nossa desmotivação. A posição (+ –) pode também estar na origem do isolamento. Quando nos subestimamos, provocamos no outro uma reação de rejeição. Desenvolvemos assim um complexo de exclusão que resulta em desmotivação.

Autoprojeção no futuro

Os projetos representam o futuro e são essenciais na construção da motivação. O estudo dos fundamentos da motivação mostra que ela depende dos nossos sentimentos. São cinco as motivações fundamentais: o amor, a cólera e o medo, entre outras, o pesar e a tristeza.

As motivações fundamentais constituem de fato os sentimentos de base que são quatro: a alegria, o medo, a cólera e a tristeza. Estes últimos estão obrigatoriamente ligados a todas as nossas ações, reações e também à construção dos nossos projetos. A esses sentimentos de base se acrescentam cinco sentimentos mistos que combinam dois dos quatro sentimentos de base:

Tipos de sentimentos	
MISTOS	DE BASE (IMPLÍCITOS)
Vergonha	Medo e tristeza
Ciúme	Medo (de ser abandonado) e cólera
Inveja	Tristeza e cólera
Culpa	Medo (de desobedecer) e cólera (contra a lei)
Ódio	Medo (do outro) e cólera (contra ele)

Nossas ações e reações são a temperatura da nossa motivação. Nossos sentimentos de base, assim como nossos sentimentos mistos, são como o freio ou o acelerador na elaboração de nossos projetos para o futuro. Cada uma das nossas ações, mesmo a mais banal, é motivada por um ou outro desses sentimentos, já que estes são as únicas razões psicológicas fundamentais que nos levam a agir.

O AMOR E OS PROJETOS

Dizer que somos motivados pelo amor significa que tendemos naturalmente para o que consideramos bom para nós e nosso círculo social, para o que amamos e desejamos, para o que nos interessa e nos dá prazer.

O interesse em se motivar consiste em aproveitar aquilo que nos proporciona prazer. E o prazer está em sentir prazer e dar prazer ao outro. No exemplo de Amélia (*ver abaixo*), estes dois aspectos estão presentes: Amélia dá prazer a seus filhos com sua presença, sua disponibilidade, os pratos deliciosos que prepara, a afeição que lhes dedica, a segurança, a paz e o equilíbrio que lhes oferece. Ao mesmo tempo, ela tem prazer ao constatar o resultado, isto é, ao vê-los com boa saúde, sem dificuldades na escola, educados, amáveis e encarando serenamente o seu futuro. É esse desejo de prazer e de bem-estar que nos faz avançar.

AMÉLIA: AMOR INCONDICIONAL

Amélia é mãe de três filhos: Flora, Elias e Justino. Elias é asmático desde os três meses e Justino tem eczemas também desde bebê. Amélia se ocupa demais com os filhos. Manda-os fazer os deveres escolares, leva-os aos jogos esportivos, cozinha pratos deliciosos. O cotidiano nem sempre é fácil. Mesmo cansada dessa rotina, Amélia mantém sempre o mesmo sorriso e uma paciência que só o amor pode motivar. Quer que os filhos cresçam harmoniosamente e que o futuro deles esteja garantido.

Pela história de Amélia (*ver acima*), percebe-se que ela está motivada porque o amor que tem pelos filhos lhe permite se superar no dia-a-dia, raramente se desanimar e aceitar a rotina. Esse amor pelos filhos proporciona uma alegria interior, uma satisfação que se traduz em todos os cuidados que ela lhes dedica. Vejamos agora uma outra história, a de Cora (*ver p. 55*), que revela como o não também poder ser igualmente motivador.

Na segunda história, Cora vai deixar o marido porque essa situação de não-amor se transforma numa fonte de motivação para outras coisas, além de aumentar a distância que os separa. Cora se mobiliza então em torno dos projetos profissionais que, esses sim, lhe proporcionam satisfação e prazer. Seus projetos sentimentais, ainda imprecisos, a fazem sonhar. Assim, um sentimento de mal-estar pode ser ao mesmo tempo fonte de desmotivação e de motivação.

Cora: novos sonhos

Cora, uma amiga de Amélia, casou-se há quatro anos. O casal não tardou a entrar em conflito. Cora já não suporta o marido, que se mostra sempre de mau humor, agressivo sem razão, desagradável e até mesquinho. Para compensar tal situação, ela trabalha cada vez mais, volta tarde para casa e conquista promoção após promoção, enquanto seu marido vegeta. Ela tem consciência de que seu comportamento está ligado às reações do marido, cada vez menos tolerante com suas ausências e facilmente enfurecido. Cora decidiu que vai deixá-lo. Já não o ama. Tudo a impele a partir; nunca se sentiu tão motivada. Paralelamente, seus projetos e seu futuro mudaram. As oportunidades em seu ambiente se multiplicam. Ela aspira a um grande amor e a uma vida harmoniosa a dois.

O futuro e os projetos estão por trás dessas duas histórias. As duas mulheres, vivendo situações diferentes e animadas por sentimentos inversos, tornam-se mais motivadas ao se voltarem para o futuro. Seus atos cotidianos imprimem maior significado e sentido aos projetos e ao futuro que elas concebem.

O que dá prazer

1. Cite todas as situações, acontecimentos e ações que lhe dão prazer.
2. Relate tudo o que você fez para atingir esse bem-estar.
3. O que você deduz disso?

Exemplos de respostas:

1. Os torneios de tênis.
2. Eu treino, faça chuva ou faça sol.
   Viajo 30 quilômetros para ter um bom professor.
   Presto atenção ao que como e bebo para manter a forma.
3. O prazer que sinto quando jogo uma partida e ganho me motiva a agir.
   As privações me custam menos porque tenho um objetivo.

A cólera e os projetos

Observe a seguir duas versões para uma mesma história, a fim de perceber como a cólera pode ser prejudicial à elaboração de projetos e a novas conquistas.

As histórias de Victor (*ver p. 56*) mostram dois comportamentos que resultam em raciocínios opostos. Nas duas vezes ele é tomado por

Victor, primeira versão

Victor tem 30 anos. É chefe de vendas numa pequena empresa. Ao ler os classificados do jornal, percebe que sua empresa acaba de publicar um anúncio. Procura um diretor comercial, também de 30 anos e com cinco de experiência. Ele fica furioso. Chega ao escritório e cruza com o diretor no corredor. Sem refletir um só segundo, e tomado por uma cólera incontida, fala de uma vez: “Li no jornal que o senhor está procurando um diretor comercial. É agradável ficar sabendo das coisas pela imprensa. O senhor bem que poderia fazer um recrutamento interno antes de ir procurá-lo fora da empresa”.

O diretor lhe responde com um sorriso e poucas palavras: “Falaremos disso mais tarde, agora não tenho tempo”. Victor se enfurece. Tem certeza de que vai ser despedido. Há quanto tempo trabalha como um louco para chefiar aquela equipe de “cabeças-de-bagre”! Há quanto tempo se desdobra para fazer com que eles cumpram a meta de negócios estabelecida pela empresa! Se o patrão resolveu nomear um diretor comercial, quem tem direito a essa posição é ele.

À noite, em casa com sua mulher e durante toda a semana no escritório, ele fica ruminando a mesma idéia: “Isso não é justo, não é normal”. No escritório, já não faz quase nada. Está completamente desmotivado.

Victor, segunda versão

Victor tem 30 anos. É chefe de vendas numa pequena empresa. Ao ler os classificados do jornal, percebe que sua empresa acaba de publicar um anúncio. Procura um diretor comercial, também de 30 anos e com cinco de experiência. Ele fica furioso. Não compreende e detesta isso. Chega ao escritório e cruza com o diretor no corredor. Da maneira mais natural possível, pergunta-lhe: “O senhor poderia me dar um pouquinho do seu tempo, hoje ou amanhã? Tenho projetos sobre os quais gostaria de conversar”. O diretor lhe sorri e responde tranqüilamente: “Em uma hora, se você quiser, na minha sala”.

Victor volta para a sua sala. Mil perguntas em sua mente: “Esse anúncio em segredo é voluntário? Se sim, por quê? Meu patrão está suficientemente satisfeito comigo? Estou à altura deste posto? As coisas vão mudar na empresa, é uma vaga importante, será que eu deveria procurar outra colocação? Não foi o meu comportamento que provocou esse anúncio? Terei feito suficientes propostas de melhoria no funcionamento interno que possam provar ao meu patrão que sei assumir riscos e tenho iniciativa?”.

Ele tem uma hora para preparar sua entrevista e fixar um objetivo para sua estratégia: não perde um segundo e começa a refletir.

uma grande cólera. Mas na primeira versão Victor dá voltas, constata uma situação que lhe desagrada e mantém a cólera. Essa cólera não lhe permite considerar o futuro de maneira construtiva. Ele fica ruminando e acaba desmotivado. Não se concentra em absoluto no futuro.

Na segunda versão, Victor, ao contrário, refreia sua cólera e procura compreender. O anúncio que o enraiveceu leva-o a reconsiderar algumas coisas. Chega mesmo a encarar o futuro de uma outra forma, já que este motiva-o completamente, tanto sobre sua situação atual como sobre seus projetos de carreira. Nesse caso, a cólera revela-se positiva ao criar uma nova motivação.

A TRISTEZA E OS PROJETOS

O pesar, o abatimento, o desânimo e o desespero são emoções que fazem parte da família da tristeza e tendem a anular nossas motivações. Observe o caso de Antônio no quadro a seguir.

Antônio: férias frustradas

Antônio e Fabiana são irmãos, a diferença de idade entre eles é de 18 meses e o casamento de ambos não os impediu de permanecer muito ligados. Durante um jantar em família, Fabiana propõe que os quatro façam uma viagem à Índia. Cristina, a mulher de Antônio, prefere pensar no assunto. Alguns dias depois de ter chamado sua irmã Fabiana para dizer que ele e sua mulher não iriam à Índia, Antônio vai almoçar com seu pai. Geralmente, quando os dois almoçam juntos, conversam animadamente. Antônio, que sucedeu ao pai na empresa, sempre tem notícias sobre os clientes e mil projetos na cabeça para sua empresa, que vai indo muito bem. Hoje ele não tem nada a dizer nem a contar, está mudo como um peixe. O pai nota e pergunta se ele está preocupado com a fábrica. Antônio responde que não. No fim da refeição, muito silencioso e triste, ele simplesmente diz: "Você sabia que Fabiana e Cristiano vão viajar para a Índia? Farão uma bela viagem, não é mesmo?". O pai de Antônio, ao se inteirar do assunto, estabelece imediatamente uma relação com o abatimento e o silêncio do filho.

O humor

Nosso humor é função de determinantes inconscientes, decorrentes das emoções passadas. É a proporção de amor, medo, cólera e tristeza presentes na composição do nosso combustível psíquico que define o que chamamos de humor. Também está ligado aos acontecimentos exteriores que suportamos. Nossa capacidade emocional para reagir ou suportar condiciona o nosso humor.

Antônio (*ver p. 57*) tem dificuldade em assumir a decisão que foi obrigado a tomar por causa de sua mulher. Ele teria adorado fazer essa viagem com sua irmã e seu cunhado. A Índia era tão tentadora! Sua decepção se transformou em tristeza. Hoje ele é uma triste companhia para seu pai, que se apercebe disso imediatamente. Está perdendo a ambição e a vontade de vencer.

A tristeza é um estado mental que bloqueia qualquer vontade. Quanto mais ela dura, mais desmotiva a pessoa. Esse "esvaziamento do entusiasmo" impede qualquer visibilidade de projetos. Vive-se então um regime de morosidade, onde nada mais avança.

O MEDO E OS PROJETOS

É do medo do perigo sob todas as suas formas, do perigo que nos ameaça, que vem a energia necessária para que o evitemos, fujamos ou, ao contrário, o enfrentemos. Seja um sentimento passageiro ou constante, o medo nos impele à renúncia a quaisquer projetos ou à vontade de enfrentá-los. É um sentimento indispensável, a nós que somos por natureza frágeis e vulneráveis. Ele pode ser um obstáculo à auto-realização e à felicidade, da mesma forma que pode ser um *aliado* que nos leva a superar as limitações

CRISTINA: REFÉM DO MEDO

Dois anos depois, Cristina e Antônio são recebidos para jantar na casa de Fabiana e Cristiano. Reacende-se a discussão em torno de viagens. Desta vez, Fabiana programou viajar ao Vietnã e convida o irmão e a cunhada para acompanhá-los. Antônio fica encantado com o projeto, sobretudo porque não faz grandes viagens desde o seu casamento. Cristina não parece entusiasmada. Ao fim do jantar, Antônio diz a Fabiana que prefere pensar e dar-lhe uma resposta na próxima semana. Na quarta-feira seguinte, Antônio liga para a irmã.

"Alô, Fabiana, é o Antônio. É sobre a viagem ao Vietnã. Sabe, acho que nós não vamos. Cristina tem muito medo de contrair alguma doença infecciosa ou ter problemas digestivos. Prefiro não insistir nisso com ela. Estou muito chateado, mas enfim, você conhece a Cristina. Foi muita gentileza sua pensar em nós outra vez. Será que algum dia viajaremos juntos?" Até logo, Fabiana."

e por isso mesmo desempenha em nossa vida um papel de extrema relevância. Muitas vezes inconsciente, ele influi no comportamento sem que nos demos conta, disfarçado em angústias, ansiedade, timidez, dúvida, inibição, busca de segurança. Temos medo de adoecer e de sermos feridos ou assassinados, assim como de sermos incompreendidos ou insuficientemente respeitados ou competentes. O medo pode ser irreal e de ordem puramente psicológica. Medos nem sempre correspondem a riscos reais, mas que são de ordem puramente psicológica.

Nessa história, Cristina imediatamente se imagina enferma durante e após a viagem. Ao enxergar qualquer projeto sob o ângulo mais desfavorável, ela acaba por não fazer nada. Antônio fica desolado, e é provável que as renúncias sucessivas de Cristina acabem por desmotivá-lo de vez. Daqui para a frente jamais ousará sugerir, com entusiasmo, qualquer idéia de viagem.

O medo pode bloquear iniciativas e projetos. É ele que mais nos impede de fazer coisas. Qualquer ausência ou abandono de projeto é fonte de desmotivação. É essa desmotivação que acende ou reacende aquele terrível sentimento de tristeza.

Antônio: férias inesquecíveis

Antônio, pouco tempo depois da proposta de viagem ao Vietnã, recebe seu primo Bernardo para jantar, que sugere esquiar nas montanhas. Projeto: Bariloche, na Argentina. Antônio se sente muito tentado pela aventura, mas conhece a habilidade de seu primo no esqui e tem medo de fazer feio. Entretanto, que aventura não ia fazer! Bernardo o tranqüiliza e diz que, se não estivesse convencido de suas capacidades, não o teria convidaria. Antônio hesita, mas concorda. Você está completamente maluco!, exclama Cristina. Um mês depois, Antônio volta para casa, entusiasmado com sua aventura. Ele não cabe em si de satisfação, com as incríveis paisagens que viu e com suas próprias façanhas no esqui.

A história de Antônio (*ver acima*) demonstra que o medo também é uma razão para motivar-se. A vontade de se superar e o prazer da auto-realização ou da execução de um projeto permitem ultrapassar o próprio medo.

Em resumo, a análise das reações ou dos sentimentos desencadeados pela execução de nossos projetos mostra que existe um vínculo direto entre projeto e motivação ou desmotivação.

- Os projetos podem deixar de existir porque a rotina, a falta de criatividade, a tristeza ou o medo refreiam sua elaboração e realização. Sem projetos, a vida logo perde o interesse, e esse vazio provoca tristeza e desmotivação, como aconteceu com Antônio. Interessar-se pelo futuro consiste em prevê-lo e encará-lo através de projetos.
- Os projetos tornam-se fonte de desmotivação quando são ocasionados pela cólera e por sentimentos decorrentes dela, como ciúme, vergonha, culpa e inveja. Os projetos irrealistas (*ver capítulo 1*) são igualmente desmotivadores.
- Os projetos se tornam fonte de motivação quando são inovadores, originais, acessíveis, ambiciosos e mobilizam a pessoa. Podem ser gerados pelo amor, pela alegria, pelo medo, pela cólera ou por sentimentos mistos.

Faça agora o teste "O motor de seus projetos" (*ver p. 64*) e identifique quais sentimentos movem você.

Testes

Para desvendar o complexo de inferioridade

1. Observe as pessoas de seu círculo nas conversas habituais.
2. Preste atenção nas expressões verbais e não-verbais que traduzem um complexo de inferioridade.

   Exemplo:

   Expressão verbal: "Eu não sou como você, não sei contar histórias engraçadas".

   Expressões não-verbais: gestos, mímicas, posturas que traduzem o estado interno.
3. Fale e olhe para si mesmo.
4. Faça a si mesmo as seguintes perguntas, em voz alta, e responda francamente:

   Eu me desvalorizo? Quando? Como? Em presença de quem? A propósito de quê? Em relação a quem? Por quê?

Teste sua auto-estima

Questões	Sim	Às vezes	Não
1. Você se sente capaz de desempenhar funções ou executar trabalhos tão bem quanto outra pessoa?	■	▲	●
2. Você acha que tem poucos motivos de satisfação?	●	▲	■
3. Você se considera freqüentemente um fracassado?	●	▲	■
4. Você sofre de complexo de inferioridade?	●	▲	■
5. Em geral, você se sente seguro de si mesmo?	■	▲	●
6. É constante o desejo de ser uma pessoa diferente da que você é?	●	▲	■
7. Você tem medo ou entra em pânico com a idéia de ter que falar em público?	●	▲	■
8. Você mudaria muitas coisas em sua personalidade, se isso fosse possível?	●	▲	■
9. De um modo geral, você tem a impressão de que é simpático com os outros?	■	▲	●
10. Você acredita que suas decisões são justas?	■	▲	●
11. Poderia dizer que tem uma excelente opinião a respeito de si mesmo?	■	▲	●
12. Você se envergonha dos seus próprios atos?	●	▲	■
13. Você fica desapontado ao olhar fotos suas e achar que elas não lhe fazem justiça?	●	▲	■

(continua)

(continuação)

14. Algumas pessoas da sua família fazem você sentir que não está à altura de certas coisas?	●	▲	■
15. Você fica profundamente perturbado quando alguém o critica?	●	▲	■
16. Os outros acham que sua presença é útil?	■	▲	●
17. Você tende a se questionar constantemente sobre o seu valor pessoal?	●	▲	■
18. Quando os outros falam bem de você, é difícil acreditar que estão sendo sinceros?	●	▲	■
19. Você evita expressar uma opinião por medo de que os outros zombem de você e o critiquem?	●	▲	■
20. Socialmente, você é tímido e acanhado?	●	▲	■
21. Você tem tendência a se sentir inferior às pessoas que lhe são apresentadas?	●	▲	■
22. De maneira geral, você está convencido de que é capaz de fazer as coisas de que realmente gostaria?	●	▲	■
23. Você está satisfeito com seu aspecto físico?	■	▲	●
24. É costume você se mostrar reservado com pessoas que não conhece, por achar que elas não o compreenderiam?	●	▲	■
25. Você acha difícil comportar-se de maneira a atrair para si a aprovação e o interesse de outras pessoas?	●	▲	■
26. Você costuma se surpreender fingindo ser melhor do que é na realidade?	●	▲	■
27. Você costuma achar que nunca chegará a lugar nenhum?	●	▲	■
28. É comum duvidar de sua potência sexual?	●	▲	■
29. Você tem bastante amor-próprio?	■	▲	●
30. Você acha que sua personalidade seduz o sexo oposto?	■	▲	●

• **Resultados:**

Conte um ponto para cada resposta correspondente a um quadrado, meio ponto para cada triângulo. Assim, você obterá um total de zero a 30 pontos.

Quanto menos pontos você totalizar, mais fraca é a sua auto-estima. Você se sente completamente fracassado e, por isso, vive num estado de ansiedade profunda. Entretanto, se seu resultado se aproximar de 30, você se sente extremamente seguro de si e tem estima por si mesmo. Um resultado equilibrado fica entre 15 e 20 pontos. Acima disso, sua autoconfiança pode indicar presunção e, abaixo, uma auto-imagem por demais negativa. Se você não for objetivo em relação às suas capacidades ou se subestimar, será rapidamente arrastado numa espiral de desmotivação.

Teste concebido por Hans Eydenck e Glenn Wilson. Reproduzido com a autorização das Éditions De Vecchio: S. Ceppellini, *Vaincre l'anxiété et le stress*, 1993, p. 76.

Como me comporto

Cada posição de vida corresponde a uma lista de substantivos e adjetivos. Marque os que se aplicam a você. O quadro no qual você marcar o maior número de palavras representa a sua tendência dominante.

Eu estou bem, você está mal (+ –)		**Eu estou bem, você está bem (+ +)**	
Acusador	Orgulhoso	Autêntico	
Arrogante	Perseguidor	Comunicativo	Dinâmico
Auto-satisfeito	Pretensioso	Confiante	Descontraído
Desmotivador	Salvador	Consciente	Experiente
Colérico	Severo	Criativo	Feliz
Condescendente	Superior	Flexível	Alegre
Crítico	Suscetível	Disponível	Livre
Desvalorizador	Exigente	Lúcido	Objetivo
De má-fé	Desconfiado	Otimista	Expansivo
Desdenhoso	Moralizador	Realista	Positivo
Eu estou mal, você está mal (– –)		**Eu estou mal, você está bem (– +)**	
Solitário	Derrotista	Admirativo	Prestativo
Demissionário	Deprimido	Culpado	Bom demais
Permissivo	Desesperado	Gentil demais	Acanhado
Inflexível	Rebelde	Humilde	Inferior
Covarde	Suspicaz	Influenciável	Inquieto
Irônico	Sarcástico	Ingênuo	Obsequioso
Mudo	Passivo	Mole	Chorão
Triste	Resignado	Subserviente	Submisso
Pessimista	Cético	Tímido	Sedutor
Desiludido	Suicida	Vítima	Servil

O motor de seus projetos	
Sentimentos	**Projetos**
Exemplo: Amor Ciúmes	**Exemplo:** Ter um filho Sair-se melhor do que seu colega num exame
Faça uma lista das suas emoções e associe os projetos que o motivam de acordo com o modelo precedente.	
Sentimentos	**Projetos**

Capítulo 4

A RELAÇÃO COM O OUTRO

"Se quer que seu interlocutor ache você simpático, fale sobre ele e não sobre você. As pessoas gostam que se fale sobre elas", diz o personagem de Jean Paul Belmondo no filme *Itinerário de um aventureiro*, de Claude Lelouch.

INTERESSE PELOS OUTROS

A relação que temos com as outras pessoas depende do interesse que temos por elas ou seja, do sentimento de curiosidade e de benevolência que temos por elas. O retorno ou o interesse que os outros têm por nós depende do interesse que temos por eles. Mas parece, no entanto, que muitos de nós nos interessamos pelos outros sem nenhuma reprocidade.

Quais são as nossas atitudes em relação aos outros? Que atitudes os outros têm conosco?

Será que a desmotivação tem alguma ligação com as relações que estabelecemos com as pessoas de nosso círculo? O interesse dessas pessoas por nós exerce alguma influência sobre nossa desmotivação?

Não é raro ouvirmos:

- "Não sei por quê, mas quando lhe conto o que aconteceu durante o dia isso não lhe interessa!"
- "Não suporto mais ouvi-lo!"
- "Sempre tenho de escutá-la, mas ela não me escuta."
- "A não ser contar suas histórias, nada mais lhe interessa (subentendido: principalmente eu)."
- "Não entendo nada desse seu blablablá."
- "Os jantares profissionais com meu marido são maçantes. Que interesse eu posso ter por pessoas que não se interessam por mim?"

A EMPATIA

Saber ouvir implica ser capaz de sentir empatia que é a compreensão estrita e profunda de outrem. É uma postura voluntária, contrariamente à simpatia e à antipatia, que são duas atitudes e reações espontâneas. Na situação de uma entrevista "não diretiva", a empatia é a escuta extremamente atenta que o entrevistador pratica, tentando esquecer seus próprios valores e se integrar momentaneamente aos valores do outro. Ele está numa situação que lhe permite compreender as razões que levam o entrevistado a agir, a raciocinar ou a se exprimir do modo como o faz.

A empatia é um dos conceitos-chave da filosofia humanista de Carl Rogers (1902-1987), norte-americano, psicoterapeuta e psicopedagogo, professor da Universidade de Ohio. Três conceitos estão associados a essa filosofia e constituem o que se chama de "atitude rogeriana".

- a coerência ou a autenticidade da pessoa;
- a empatia;
- a consideração incondicional positiva ou a aceitação irrestrita do outro tal como ele é.

Leia a história abaixo e responda:

1. O que você acha do comportamento de Laura?
2. Quem, no grupo, escuta, interessa-se pelo outro, tem uma atitude empática?
3. A que você atribui essas diferenças de comportamento? Quais são as relações entre esses comportamentos e uma possível desmotivação?

LAURA: OUVE SÓ A SI MESMA

Patrícia, Carina, João Francisco, Laura e Oliveira são amigos desde a mais tenra infância. Conheceramse na praia de Copacabana. Laura é dermatologista, casada com Oliveira, um dentista; Carina é bióloga, casada com João Francisco, corretor e síndico de imóveis; Patrícia é médica de empresa. Patrícia apresenta aos amigos, pela primeira vez, o eleito de seu coração, Humberto, diretor de exportação na empresa em que ela trabalha. Foi lá que eles se conheceram.

Durante um jantar no restaurante, Humberto, muito à vontade e risonho, é apresentado por Patrícia a cada um dos convidados. Depois de ter escolhido o cardápio, Laura toma a palavra e se dirige a Carina.

Laura: "Na semana passada, mandei-lhe um dos meus pacientes, para um exame de sangue e ainda não recebi os resultados!"

(continua)

LAURA: OUVE SÓ A SI MESMA *(continuação)*

Carina: "Ora vejamos, Laura, não é porque você manda um de seus pacientes para um exame de sangue, que no mesmo dia ele vai correndo ao meu laboratório. Mas eu sei de quem você está falando e ele só veio hoje. Amanhã de manhã você terá os resultados."

Depois de uma longa discussão entre Laura, Carina e Oliveira sobre medicina, odontologia, o comportamento dos pacientes etc., João Francisco se volta para Humberto e lhe pergunta em que consiste sua profissão. Humberto explica como é sua profissão, quais suas responsabilidades. Ele se ocupa da Ásia nesse momento, que é um mercado muito promissor em telefonia. Ia começar a explicar as novidades dos telefonse sem fio, encorajado pelas perguntas de João Francisco, quando Laura lhe corta a palavra, dirigindo-se a Patrícia:

"Você foi ao Salão de Utilidades Domésticas?".

Patrícia conhece Laura o suficiente para saber que ela é tagarela demais e adora ser o centro da conversa. É engraçada, dinâmica, amante de boas roupas, decoração, golfe e cinema. Suas conversas favoritas, fora tudo isso? A medicina, a previdência, os clínicos gerais, as viagens que fez ou quer fazer e os filhos, ao passo que o universo profissional de um diretor de exportação... Patrícia acreditava sinceramente que faria um esforço e se interessaria por Humberto. A discussão iniciada por João Francisco seria um meio fácil de integrar Humberto a um grupo tão unido.

Provavelmente, você já viveu história num contexto diferente, mas com atitudes similares. João Francisco (*ver acima*) é quem tem uma verdadeira atitude empática. Sabe escutar Humberto, interessa-se por ele e lhe faz perguntas. Mostra-se atento a fim de conhecê-lo e compreendê-lo.

A falta de abertura, de empatia, prejudica as relações e impede que se fique à vontade em sociedade. Laura, evidentemente, carece de empatia. Sem dúvida ela fica à vontade com os seus pacientes, porque são eles que a procuram e não o oposto. Além disso, ela domina por inteiro o assunto nesse relacionamento. Em sociedade, Laura leva sua falta de empatia a ponto de ser quase mal-educada, mudando voluntariamente de assunto, por exemplo. E só quando Humberto se interessa pelo assunto dela é que ela vai ficando progressivamente à vontade.

A falta de empatia provoca mal-estar, frustração, decepção e desmotivação.

De fato, como reação ao comportamento de Laura, o clima não é dos mais calorosos e descontraídos. Patrícia está decepcionada com Laura, João Francisco se sente frustrado diante da atitude de Laura; e Humberto ficou desmotivado, já que queria conhecer melhor o grupo de amigos de Patrícia.

Imaginemos que Humberto, falando do comportamento de Laura, faça uma generalização: "Seus amigos são verdadeiramente odiosos e mal-educados, não quero voltar a vê-los". Patrícia, decepcionada, poderia cair nessa armadilha e responder: "Sim, você tem razão" e depois ficar com sentimento de culpa, dizendo: "Eu não devia tê-los apresentado a você. Vocês são tão diferentes!". Sua desmotivação iria da decepção ao sentimento de culpa. Laura, por sua vez, desmotivada por sua falta de empatia, diria: "Esse seu amigo é muito sem graça, não diz nada de interessante".

Esse exemplo permite perceber a relação existente entre a falta de empatia e a desmotivação.

Assertividade

Uma atitude assertiva consiste em fazer valer seu ponto de vista conservando ao mesmo tempo relações cordiais com seu interlocutor.

Nossas reações diante de certas frustrações da vida podem ser de quatro tipos:

- **Capacho:** a fuga ou a passividade (aceitar sem reação aparente, somatizar);
- **Ouriço:** o ataque ou a agressividade (reagir de forma violenta);
- **Moleque:** a manipulação (reação dissimulada de sedução, lisonja);
- **Uníssono:** a auto-afirmação (reação de negociação, de busca de um acordo ou resultado).

Essas diferentes reações, mais ou menos similares, têm repercussões sobre a motivação. No esquema a seguir vamos detalhar cada atitude:

Laura é...
1. Como você classifica a atitude dela? Em: Moleque, Uníssono, Capacho, Ouriço? 2. Explique sua escolha.

Interesse por outrem

O Moleque: a manipulação
Calculador, autoritário, hipócrita, malandro, encantador, sedutor, ator, astuto, desvia as situações, conquista a aprovação da maioria, ridicularizando o outro. Tem o gosto do poder e do dinheiro. Seu objetivo: o poder!

O Uníssono: a assertividade
Seu objetivo é claro. Tolerante, respeita e sabe ouvir os outros, é generoso, sociável, autônomo, ponderado e responsável. Ele se envolve, diz o que pensa, o que quer e o que sente. É perspicaz, sabe adaptar-se, tem confiança em si além de uma confiança lúcida nos outros. É motivado e sabe motivar. Seu objetivo: relacionar-se.

Dissimulação ← → Franqueza

O Capacho: a passividade, a fuga
Não sabe dizer não. É inseguro, tem medo da reprovação, é tímido, introvertido, não exprime o que sente, não se envolve. É pouco motivado, submete-se aos outros e aos acontecimentos, é dependente dos outros, é desiludido e foge às responsabilidades. Seu objetivo: omitir-se.

O Ouriço: ataque, agressividade, são modos de reagir à frustração. Irrita-se facilmente, fala alto, é autoritário, não escuta, é impaciente, irrefletido, corta a palavra e a monopoliza. Utiliza palavras amargas, não controla suas emoções, é irascível, provocador, toma a dianteira, procura viver emoções fortes, gosta de dominar, não respeita o outro. Seu objetivo: a dominação.

Introspecção

Se você considera Laura Ouriço, muito bem. De fato, ela não escuta, é impaciente em relação à situação. Patrícia decide apresentar seu namorado aos amigos. Laura deveria refletir sobre a situação e comportar-se mais adequadamente. Em vez disso, centra-se em si mesma e não se preocupa com Humberto. Corta a palavra e monopoliza inconscientemente a conversa.

Para compreendermos melhor as repercussões que nossas atitudes podem ter sobre os outros, a influência na nossa desmotivação ou na dos outros, vejamos quatro versões diferentes da história de Lourenço, um jovem que, em pleno período de exames, deseja ir à danceteria, mas não pode fazê-lo sem o consentimento dos pais.

Lourenço: versão nº 1

Lourenço está decidido a ir à danceteria. Sabe que seus pais são contra, pois faltam apenas duas semanas para os exames. Ele está na cozinha com a mãe:
"Mamãe, vou te ajudar a arrumar a cozinha e preparar o jantar, certo?"
"Mas você é adorável, querido! E eu que pensava que você estava cansado!"
"Não, absolutamente; muito pelo contrário, estou em plena forma."
Uma hora depois, sempre na cozinha com a mãe, ele sente que é chegado o momento de fazer o seu pedido:

(continua)

Lourenço: versão nº 1 *(continuação)*

"Sabe, mamãe, eu, o Osmar e o Thomas pensamos em refrescar as idéias esta noite. Você concorda?"
"Sim, claro, querido. E o que você quer fazer?"
"A gente não sabe ao certo... encontrar-se, rir, talvez ir dançar... você deixa?"
"Se você prometer não voltar muito tarde!"
"De acordo, querida mamãe."
Lourenço voltou às 4h da manhã.

Lourenço: versão nº 2

Lourenço quer ir à danceteria; precisa refrescar as idéias, conhece a posição de seus pais, estrita no que se refere às saídas quando da proximidade dos exames. Decide falar com eles no jantar.
"Vocês sabem, tenho estudado como um louco de uns tempos para cá e gostaria de esquecer por algumas horas esses exames que me deixam estressado. Vocês permitiriam que eu fosse à danceteria com Osmar e Thomas, até às 2h da manhã?"
"Isso não me parece razoável, Lourenço. Acho que você precisa de todo o descanso possível – responde a mãe."
"Tem toda a razão, mamãe, eu entendo o seu ponto de vista. Mas compreenda o meu, um pouco de descontração não pode fazer mal. Estou na época de revisar as matérias."
"Escute, Lourenço, você é adulto e responsável. Precisa dormir num horário razoável, seus exames estão próximos. Faça mais um pequeno esforço que depois poderá se divertir, quando quiser."
"Hum, hum – Lourenço reflete. – Tomarei apenas um drinque e só irei à danceteria depois dos exames. Certo?"

Lourenço: versão nº 3

Lourenço deseja muito ir à danceteria com seus amigos, Osmar e Thomas. Faz uma hora que ele anda de lá para cá no seu quarto, sem saber como pedirá permissão a seus pais sem ouvir as repreensões que, sem dúvida alguma, vão fulminá-lo.
Desce à cozinha. Sua mãe olha para ele e pergunta como vão os estudos. Lourenço responde que vão bem.
"Gostaria de lhe perguntar, mamãe, se posso ajudá-la em alguma coisa."
"Obrigada, querido, prepare a mesa, isso me adiantará o serviço."
Lourenço arruma a mesa. Seu pai chega. Sentam-se. Todos falam, menos Lourenço. O telefone toca, seu pai vai atender:
"Boa noite, Osmar, sim... quer saber a que hora deve passar para sair com Lourenço? Não estou sabendo de nada. É muito tarde para ele sair agora, faltam duas semanas para os exames! Ele tem mais coisas a fazer

(continua)

LOURENÇO: VERSÃO Nº 3 *(continuação)*

além de ir a uma danceteria agora. Boa noite, Osmar, até logo".
E, dirigindo-se ao filho, pergunta:
"Que história é essa de danceteria?"
"Não é nada, Osmar e Thomas estavam com vontade de sair. Quando me falaram sobre isso, respondi 'por que não?', mas agora acho que já está tarde."

LOURENÇO: VERSÃO Nº 4

Lourenço está em seu quarto, pensando... Na sua idade, ter de pedir autorização dos pais para ir à danceteria! Ele desce para se juntar ao resto da família na cozinha. Seus pais lhe dão boa-noite. Lourenço os beija e diz de supetão:
"Esta noite, eu, Osmar e Thomas planejamos ir à danceteria, para refrescar um pouco as idéias, vocês concordam?"
Seu pai responde:
"Nem pensar, faltam duas semanas para os exames."
Lourenço retruca com voz forte:
"Não agüento mais ouvir sempre a mesma história. Não vejo como isso vá atrapalhar os meus exames. Vocês só sabem dizer não, nunca tenho o direito de fazer nada! Vocês me sufocam... estou cheio."
O pai tenta acalmá-lo, mas ele continua e se dirige a seus irmãos menores:
"Vocês vão ver o que é bom. Quando tiverem a minha idade vão escutar as mesmas respostas. Nunca tenho o direito de fazer nada."
Dessa vez, sua mãe o interrompe, falando no mesmo tom:
"Escute, Lourenço, o cinema já basta. Quando você não está em época de exame, ninguém o impede de sair. Você vai se sentir mais feliz depois dos exames, isso eu sei; agora fique quieto e vá para o seu quarto. Mas antes, desculpe-se, por favor..."

Qual atitude você tomaria no lugar de Lourenço (*ver p. 69-71*)? Vamos analisá-las a seguir.

A segunda versão da história de Lourenço mostra que uma atitude assertiva corresponde à auto-afirmação. Essa atitude permite manter relações em que todos saem ganhando. As três outras histórias descrevem diferentes atitudes nas quais, em cada caso, um dos personagens é ou será desmotivado.

Na primeira história, Lourenço manipula os pais. Consegue o que quer, mas com que estratagema! Você acha que ele poderá empregar várias vezes o mesmo ardil? Seus pais ficarão motivados para lhe dar novamente a permissão? Essa forma de relação vai perdurar? É evidente que não. Cabe, pois, deduzir que a manipulação pode desmotivar os outros em relação a nós.

A terceira versão mostra a atitude de fuga. A timidez excessiva de Lourenço, a falta de autoconfiança em relação aos pais o deixam frustrado e infeliz. Será que ele se sentirá motivado a estudar enquanto seus amigos vão se divertir? Claro que não! Quais serão as conseqüências disso para os seus exames e para o seu futuro?

Na quarta versão, Lourenço comporta-se de maneira agressiva, não se controla. Suas palavras extrapolam seu pensamento, ele faz generalizações e acaba bloqueando a situação. E, quando voltar para quarto, estará de mal com o mundo. A agressividade não é, tampouco, a melhor atitude a adotar para motivar os outros ou a si mesmo.

Preste atenção ao seu redor

1. Observe as atitudes adotadas pelas pessoas do seu círculo.
2. Procure distingui-las.
3. Observe as atitudes que lhe permitem reconhecê-las.
4. Quais são as conseqüências de cada atitude?

Analise seu interesse pelos outros

1. Você escuta com facilidade?
2. Se não tiver tempo para escutar, o que você dirá ao seu interlocutor?
3. Você pode dizer que nunca finge que está escutando?
4. Você é daquelas pessoas que, mesmo sabendo o fim da frase do seu interlocutor, não lhe corta a palavra?
5. Você fica atento quando lhe falam sobre um acontecimento, uma situação, um fato?
6. Os acontecimentos que seus conhecidos, amigos, colaboradores ou filhos lhe contam interessam a você mesmo que não lhe digam respeito?
7. Você pede notícias dos outros sem perguntar "como vai"?
8. Você se interessa pelas pessoas que você encontra e conhece num jantar, por exemplo?
9. Você é aberto e mostra-se curioso por conhecer a profissão ou a atividade das pessoas que conhece?
10. Acha que as idéias que você defende não são a verdade para todos?

Resultados:

Conte um ponto para cada resposta positiva; zero para cada resposta negativa. Se você totalizou cinco pontos ou menos, você não está suficientemente interessado nos outros. Você não os escuta bem e não tem muita abertura.

Quanto mais perto você chegar de dez, mais estará centrado no outro. Sua capacidade de escutar e seu interesse pelos outros são dignos de louvor. Suas relações com os outros são simples e agradáveis. Você tem uma atitude empática.

O INTERESSE DOS OUTROS POR VOCÊ

Às vezes temos a impressão de que nos ignoram, de que nunca nos fazem perguntas. Sentimos que, nas conversas, nunca pedem a nossa opinião, nunca nos chamam a participar de atividades ou ainda que, se não telefonarmos para saber notícias de nossos amigos, eles jamais nos procurarão. Nesses momentos chegamos a dizer até que, se estivéssemos sozinhos no mundo, não adiantaria nada: nós é que não servimos para coisa alguma!

Nessas ocasiões, vale a pena nos perguntar de onde vem essa impressão de que não interessamos a ninguém, de estarmos sozinhos, se nossa percepção dos outros é justa e se ela tem alguma coisa a ver com o nosso desejo de não fazer nada ou, ainda, com a nossa desmotivação.

MARIA: SENTE-SE DEIXADA DE LADO

Por ocasião do bingo anual, do qual Maria adora participar, Miguel, seu marido, e Franco, um amigo, estão sentados na frente um do outro. Maria ocupa uma das pontas da mesa, nada satisfeita por ter sido obrigada a ficar ali. Não está muito risonha e diz: "É sempre a mesma coisa, fico num canto da mesa enquanto Franco e Miguel dão um jeito de ficar um de frente para o outro".

Maria sofre do incômodo hábito de vigiar todos os atos e gestos do marido; é muito ciumenta. Esta noite sente ciúmes mais do que nunca. Miguel e ela tiveram uma briga. Cada vez que saem e Miguel fala em outra mulher, Maria imagina que algo vai acontecer, que ele vai sair com a "rival". Miguel lhe explica que não é isso, que tudo não passa da imaginação dela, que não precisa sair com ninguém, que está saturado de trabalho e que, mesmo com a maior boa vontade do mundo, não teria a menor vontade de como arrumar uma amante, que ela é ridícula e ele a ama. Maria não ouve nada.

Ela observa Miguel e Franco, que conversam seriamente, em voz baixa, aproximando-se do centro da mesa. Procura escutar o que estão dizendo, mas eles estão longe demais. A conversa é muito comprida. Não é comum vê-los com um ar tão sério. "É estranho", pensa ela. Maria não se contém e pergunta do que estão falando. Nenhuma resposta. Ela eleva o tom, contrariada, e repete a pergunta. Franco se volta para ela e lhe responde: "Falarei com você mais tarde, agora não posso". O vizinho de Maria, que de repente passa a se interessar pela conversa, pergunta-lhe: "O que foi que Franco disse?". Maria lhe replica em tom seco: "Estão tendo uma discussão importante, que não é da minha conta!". Dali a pouco ela começa a

(continua)

MARIA SENTE-SE DEIXADA DE LADO *(continuação)*

imaginar que eles tramam fazer uma festa ou organizar um fim de semana de futebol entre homens. Acaba se convencendo de que falam dela, tem certeza disso. Miguel fala de sua vida conjugal naquela manhã e Franco o encoraja a ir divertir-se em outro lugar, já que ela não está gostando. Isso seria ótimo para ele, pois todo o seu interesse está em Miguel. Franco quase nunca lhe dirige a palavra. Ela fica resmungando no seu canto, mas num tom que todos podem escutar: "Não sei o que vim fazer aqui". Ninguém reage: todos a conhecem muito bem!

Ela estava contente por ir ao bingo, mas ninguém parece se interessar por ela. Estão se divertindo mesmo sem sua participação. Desmotivada, passa a achar o jogo estúpido e entrega suas cartelas ao vizinho.

Por que Maria se desmotiva?

Releia atentamente a história de Maria e assinale os elementos que provam que ela imagina ter sido deixada de lado.

INTERPRETAÇÃO, DISTORÇÃO

Maria (*ver acima*) não está satisfeita com o seu lugar à mesa. Está num canto, isso não lhe agrada e a deixa mal humorada. Ela deforma a situação e depois a interpreta. Acha que é sempre a mesma coisa, ou seja, Maria distorce a realidade fazendo generalizações ao dizer que mais uma vez Franco e Miguel deram um jeito de sentar longe dela, um de frente para o outro.

Na verdade, as pessoas foram se acomodando à medida que chegavam. Franco e Miguel chegaram juntos e sentaram casualmente de frente para o outro. Maria, que estava conversando e chegou depois, teve de se sentar numa das extremidades da mesa, o que, em si, não deveria ser nenhum problema para ela, já que está entre amigos.

Maria observa seu marido e o amigo. Os dois não param de conversar em voz baixa. Maria interpreta a situação e trocar as palavras. Traduz as atitudes e as mímicas dos dois: têm um ar "grave", estão "sérios", e ela acha isso "estranho".

O que ela ainda ignora é que Franco acaba de saber que sua mulher está com câncer. Fala a Miguel sobre isso, que é seu amigo. Quer apenas ser discreto e não espalhar a notícia. Não quer que um assunto tão grave se transforme em tema de conversas naquele momento. Isso não tem nada de estranho, ele quer poupá-la. O comportamento de Franco é legítimo.

Maria deforma as palavras de Miguel, que simplesmente diz "falo com você mais tarde". Transforma as coisas em sua mente, respondendo a seu vizinho, inconscientemente, com a verdadeira mensagem deformada.

"Falo com você mais tarde" torna-se, assim, "ele disse que estão tendo uma discussão importante, que não é da minha conta". Em comunicação, chamamos isso de *distorção da mensagem.*

Todas essas situações geram bloqueios e posições ambíguas, que podem nos levar ao isolamento. O que sentimos na presença dos outros influencia nossa percepção da realidade. Interpretamos as palavras, os gestos, as mímicas, os comportamentos dos outros em função do nosso estado de espírito. É como uma vontade inconsciente de analisar tudo de forma negativa, fazendo-nos deformar distorcer a mensagem.

Em comunicação, entre o emissor (aquele que transmite a mensagem) e o receptor (aquele que a recebe) pode haver transformação, distorção ou omissão de conteúdo se não houver um *feedback* (retorno) adequado entre os interlocutores.

Maria imagina que Franco nunca lhe dirige a palavra, que não se interessa senão por Miguel. Maria vê a si mesma? Ouve a si mesma? Conhece a si mesma? Será que percebe que é hostil a tudo o que se refere a Miguel? Ela tem ciúme de Franco, sente inquietação dolorosa por alguém, sente um desejo de posse exclusiva em relação à pessoa amada e assim teme uma eventual infidelidade. Franco e Miguel são muito amigos, e Maria, por seus olhares e deduções, mostra que não gosta dessa cumplicidade, porque se sente excluída. Tal atitude pode bloquear Franco em sua relação com Maria, o que explica a razão por que se comunica relativamente pouco com ela. O ciúme leva Maria a deformar e depois a interpretar os fatos, a realidade, de maneira errada.

Como vimos anteriormente, não podemos viver sem sinais de reconhecimento (*strokes*), sem mensagens. Se acharmos que não estamos recebendo reconhecimento suficiente, estaremos sempre à espreita do menor sinal para interpretá-lo, dar um sentido para reforçar o nosso próprio sentimento de exclusão.

Por deformar e depois interpretar tudo de maneira negativa, Maria acaba progressivamente se desmotivando e tendo cada vez menos vontade de participar, de se descontrair ou mesmo de se divertir.

Omissão

Em sua cena conjugal, por mais que Miguel lhe mostre como emprega o seu tempo, Maria omite o fato de que ele pode estar sendo honesto.

Miguel é diretor da grande empresa onde ambos trabalham. Portanto, ela sabe bem como o marido emprega seu tempo, ainda que não estejam sempre juntos. Maria pode saber com que fornecedor ele vai se encontrar, se está na empresa etc. No entanto, esquece-se desses detalhes, embora ele preste conta disso regularmente à mulher. É o que se chama de *omissão* em comunicação, ou seja, quando um dos interlocutores esquece, deixa de dizer ou não inclui uma informação esclarecedora.

Egocentrismo e a simpatia

Muitas vezes achamos que as pessoas se interessam pouco por nós, e essa impressão vai condicionar nosso comportamento em relação a elas. Temos a impressão de passar despercebidos, de sermos ignorados, postos de lado, rejeitados, depreciados, ridicularizados, de sermos o bode-expiatório, a "vítima", o indesejável.

Mas é preciso levar em conta o fato de que nosso interlocutor também tem seus próprios estados de ânimo. Assim, certamente, podemos encontrar uma pessoa egocêntrica que tende a centralizar tudo em si mesmo, a julgar tudo em relação a si mesma ou em relação ao seu próprio intresse, a quem a nossa vida pouco interessa. Nossas "histórias" não a interessam e por isso não fará perguntas a respeito. Sendo assim, o que essa pessoa poderá nos trazer se, consciente ou inconscientemente, evita reciprocidade?

Ou, então, podemos estar na presença de alguém que nos ignora porque não nos acha simpáticos.

Mas, antes de emitir um juízo apressado sobre o outro, devemos perguntar-nos se nossa atitude (cara fechada, tristeza, falta de atenção, suspiros, olhares fugidios) não desencoraja o outro a vir até nós. Nesse caso, o que entendemos por egocentrismo pode ser uma defesa numa situação em que o outro se sente pouco à vontade.

Então, quem é mais egocêntrico?

A simpatia requer reciprocidade. Se for unilateral, a relação torna-se rapidamente frustrante e desmotivadora. Fazer esforços para ganhar a simpatia do outro, sem resultado, logo se torna desmotivador. Enquanto esperarmos um resultado positivo, estaremos motivados. Começaremos a ficar frustrados quando percebermos que esses esforços são em vão.

A não-reciprocidade é para o sentimento um obstáculo que gera frustração, que, por sua vez, resulta em desmotivação em realizar trocas, falta de interesse pelo outro e, eventualmente, interrupção da comunicação.

Você e a atenção dos outros

1. Relembre de uma situação em que você achou que os outros o ignoravam.
2. Analise essa situação, procurando saber se não interpretou, deformou ou omitiu certas informações.
3. Estabeleça a ligação com a história de Maria e tente identificar as conseqüências dessa situação sobre a vontade que você teve ou não teve de agir.

Crenças e realidade

O sentido de uma mensagem (verbal ou não-verbal) decorre tanto das suas dimensões implícitas quanto do seu conteúdo explícito. O trabalho de compreensão consiste, então, em selecionar, entre as implicações explícitas do enunciado, as que são pertinentes ao contexto. No nosso exemplo, Maria interpreta ou omite o contexto.

Ela transforma o sentido das mensagens, verbais ou não-verbais. Sobrepõe suas próprias crenças à realidade. Muitas vezes, aquilo em que acreditamos foi construído por omissões, distorções, nossas interpretações negativas das situações, dos comportamentos ou das mensagens dos outros. E é dessa maneira que colocamos na cabeça idéias absolutamente falsas sobre o que os outros pensam e dizem de nós ou até fazem em relação a nós.

Maria se exclui de uma situação que poderia ter sido muito agradável, no bingo noturno. Por suas interpretações, deformações e omissões, transforma situações agradáveis em momentos de sofrimento. Ela desmotiva também as pessoas a seu redor com suas atitudes e comportamentos, que não passam despercebidos. Complica as coisas a seu bel-prazer e chega mesmo a se perguntar o que foi fazer ali! Estraga sua vida social e a dos outros. Com isso, vai querer sair cada vez menos, não vai querer encontrar pessoas e vai acabar se isolando. O isolamento é uma fonte poderosa de desmotivação.

O marido dela, no entanto, ainda se mostra cheio de respeito e paciência. Mas até quando? Será que não vai se cansar das cenas e das situações tensas que ela provoca? Ficará também desmotivado? Deixará um dia de fazer concessões, de se esforçar? Quando estiver menos apaixonado, sem dúvida.

Quanto a Franco, talvez conheça Maria o suficiente para não ser alvo de sua antipatia. Ou, quem sabe, não consiga suportar os olhares sombrios, as censuras, as alusões ou as observações que Maria lhe dirige. Talvez se sinta constrangido pelas reações da mulher do amigo e não saiba como agir ou reverter a situação. Como tranqüilizar Maria?

Talvez Franco já esteja desistindo de conviver bem com Maria, falando-lhe cada vez menos, diminuindo aos poucos seus esforços para ganhar sua atenção e evitando dialogar com ela.

Para saber como você lida com o seu isolamento e desmotivação, faça o teste ao fim deste capítulo (*ver p.79*).

Um fato, duas versões

1. Conte uma situação, um momento "desconfortável" e o que você sentiu, a um amigo próximo que estava presente nesse dia. Seja sincero e detalhe o seu pensamento.
2. Em seguida, peça-lhe que dê a sua versão dos fatos.
3. Compare e analise-os com ele.

Você e o isolamento

	sim	não
1. Você é daquelas pessoas que já não querem receber pessoas em casa, porque está ali apenas para servir o vinho ou tirar a mesa?	☐	☐
2. Acha que, quando participa de uma decisão, dar ou não a sua opinião muda alguma coisa?	☐	☐
3. Fica irritado quando pessoas trocam segredos na sua presença, pois tem a impressão de que estão excluindo você?	☐	☐
4. As pessoas que não repetem alguma coisa que você não ouviu bem deixam você irritado?	☐	☐
5. Muitas vezes, chega a pensar que as pessoas não gostam muito de você?	☐	☐
6. Lamenta com freqüência ter ido a uma reunião porque sentiu que estava lá só para "fazer número"?	☐	☐
7. Acha que, se um amigo se mostra mais frio que de costume, é porque alguém falou mal de você e ele é influenciável?	☐	☐
8. Acha difícil fazer amigos porque as pessoas não são confiáveis?	☐	☐
9. Tem medo do olhar dos outros?	☐	☐
10. As pessoas mais próximas já lhe disseram alguma vez: "Mas não foi nada disso que eu disse! Você está distorcendo as minhas palavras"?	☐	☐

Resultados:

Se respondeu "sim" à maioria das perguntas, você tem propensão a se desmotivar facilmente, por achar que os outros não se interessam o suficiente por você. Acredita com muita facilidade que o ignoram, além de interpretar muito superficialmente o comportamento deles. Fica infeliz sem motivo, o que o bloqueia em suas relações. Sua não-participação e seu isolamento podem ser falta de seu próprio interesse pelo que eles fazem ou dizem. É um círculo vicioso.

Se respondeu cinco vezes "sim" e cinco vezes "não", significa que, às vezes, você deforma ou interpreta as situações e os comportamentos. Tudo depende do seu estado de espírito ou da sua forma física. Não deixe que os "sim" ganhem terreno: a desmotivação gerada pela sua convicção de que os outros o rejeitam tornaria sua relação com eles nefasta.

Se respondeu "sim" menos de quatro vezes, você evita interpretar negativamente o olhar dos outros. Mantém relações construtivas com os outros e tem autoconfiança, não se deixa influenciar. Não distorce, ou distorce pouco, as palavras e as mensagens não-verbais das pessoas.

Parte III

Criar um ambiente motivador

CAPÍTULO 5 – Por que e para quem se motivar

• Suas emoções 83

• Um pensamento criativo 90

• Testes 101

CAPÍTULO 6 – Conhecer-se para se motivar

• As razões do sucesso 103

• Suas necessidades 105

• Sua personalidade 107

• Testes 109

Capítulo 5

POR QUE E PARA QUEM SE MOTIVAR

SUAS EMOÇÕES

A capacidade de "poder" viver as próprias emoções é diferente em cada pessoa. Tudo depende do equilíbrio que criamos entre o nosso QI (quociente intelectual) e o QE (quociente emocional). Como construir esse equilíbrio? Ao nascer, herdamos dos nossos pais a inteligência, que é ao mesmo tempo intelectual e emocional. Evoluímos através de nossa educação, do meio ambiente e de experiências que também contribuem para o amadurecimento dessas diferentes formas de inteligência.

Ao contrário da inteligência intelectual, que pode ser medida com testes, a inteligência emocional não pode ser quantificada. Mas o que é a inteligência emocional? Para que serve ela? Qual é a ligação entre inteligência emocional e motivação?

Em seu livro *Inteligência emocional,* Daniel Goleman descreve a diferença que pode existir entre o homem e a mulher, em termos de quociente intelectual e emocional. Por exemplo, um homem com QI elevado tem quase sempre pouca habilidade de lidar com sua vida pessoal. Freqüentemente: "sente-se pouco à vontade no domínio da sexualidade e da sensualidade, é inexpressivo e insensível, opaco e frio em suas emoções".

No entanto, uma mulher com QI elevado é mais dada à "introspecção e experimenta sentimentos de angústia e culpa", uma diferença que a deixa igualmente perturbada.

Homens e mulheres que têm um QE elevado são, em geral, abertos, bem-humorados, descontraídos. Sua vida afetiva é rica e bem conduzida; sentem-se à vontade em sua existência pessoal e pública.

Esses retratos apresentam perfis extremos, já que são caricaturais. Sua utilidade é ressaltar o fato de que aquilo que nos torna verdadeiramente humanos são nossas qualidades emocionais – que são, portanto, indispensáveis.

Todos vivemos emoções desagradáveis de tristeza, cólera, ódio, desgosto, vergonha, culpa, agressividade, ansiedade, medo, angústia etc., em decorrências de frustrações, conflitos, perigos, exclusão, estresse, solidão, morte, fracassos, tédio, contrariedades etc. Só que vivenciamos também emoções agradáveis e positivas de alegria, amor, surpresa, felicidade, prazer com o sucesso e bons resultados, boas notícias ou harmonia na etc.

A inteligência emocional é essa capacidade de reagir aos acontecimentos, sempre levando em consideração o "outro" e o contexto. Veja abaixo a história de Paula.

Paula e Diogo: inteligência emocional na prática

Lúcio e Paula são antiquários. Paula, apaixonada por danças folclóricas, acaba de saber com alegria que sua próxima apresentação será nas Antilhas. Diogo, um amigo, bate à porta. Paula o recebe com um grande sorriso. Logo em seguida sugere que tomem um cafezinho. O amigo lhe parece triste. A voz dele soa ligeiramente trêmula e está com olheiras. Os dois se sentam num canto da mesa da cozinha. "Sempre tão gentil", pensa Diogo. "Fiz bem em vir até aqui". Paula olha para o amigo e com um sorriso cúmplice e amistoso lhe diz com suavidade, pronta para ouvi-lo:

"Como vai você, Diogo?"

"Não estou lá essas coisas, responde. E fica em silêncio. Ouve-se o ruído das colheres mexendo o café nas xícaras. Paula diz:

"O que há?".

"Minha empresa com certeza vai fechar. E aos 40 anos, vou ter de encontrar novamente um emprego de vendedor. Passei para dizer que acho melhor eu não ficar com aquela escrivaninha que eu pedi para você separar. Sinto muito. Estou completamente abalado".

Paula está triste pelo amigo e encontra imediatamente palavras para reconfortá-lo:

"Diogo, não se preocupe com a escrivaninha, eu não teria problemas para vendê-la, mas como você gostou tanto dela, de qualquer forma vou segurá-la para você.

Carinhosamente, ela lhe toca o braço e diz: "Esta noite, vou jantar com o diretor de uma grande empresa, é um cliente importante, sei que precisa de vendedores. Seria bom você vir com sua mulher, nunca se sabe. Ele tem muitos contatos".

Diogo agradece a ela pela ajuda e pela acolhida, sempre muito calorosa. Vai embora mais confiante no futuro.

Paula pensa consigo: "Na próxima vez contarei a ele sobre as Antilhas, realmente este não era o momento. Fiz bem em convidá-lo para o jantar, pode ser uma oportunidade para ele".

Tire partido das emoções

Nossas emoções agradáveis devem servir como motivação para nos levar a utilizar nossa inteligência emocional.

Escolha entre ouvir e falar

Observe

Você vai encontrar uma pessoa. Você está com um problema, mas não consegue falar no assunto porque seu conhecido o inunda de boas notícias ou de informações a respeito dele mesmo:

1. O que você pensa dessa pessoa?
2. Quais são suas emoções?
3. Esse encontro é motivador para você?

Em caso contrário, você encontra uma pessoa que está atenta a suas emoções e dificuldades:

1. O que você acha dessa pessoa?
2. O que você sente?
3. Você fica motivado com esse encontro?

Treine

Quando encontrar alguém, fique atento a essa pessoa e a suas eventuais necessidades, não se precipite, aja mais em função do contexto, viva a emoção presente. Ao escolher entre ouvir ou falar, faça-o com conhecimento de causa.

Paula dá mostras de grande inteligência emocional. Era muito forte a tentação de contar a ele sobre a boa notícia. Apenas sua preocupação com os outros e seu sentido de observação a fizeram mudar de idéia. Ela preocupou-se primeiro com o amigo. Quis reconfortá-lo, dando-lhe a esperança de encontrar um trabalho graças a seus relacionamentos. Encontrou palavras adequadas, teve bons reflexos, adaptou-se à situação.

Acontece com todos nós de ficarmos contentes e entusiasmados por causa de uma boa notícia e naturalmente falarmos dela para os que nos rodeiam, como nosso cônjuge, um amigo próximo, nossos filhos ou um colega de trabalho. Mas será que sempre temos a inteligência emocional de pensar no outro, de levar em conta as dificuldades que possa ter, antes de nos expressarmos?

Paula e a subprefeita: salva pelas emoções inteligentes

A subprefeita veio visitar Paula, que acabara de voltar das Antilhas, uma experiência extraordinária. Quando chegou de viagem, seu pai havia morrido. Toda a cidade conhecia aquele simpático senhor, inclusive a subprefeita.

Com seu sorriso e sua habitual cortesia, Paula logo percebe que alguma coisa não vai bem. Figura difícil de agradar (como Paula sabe muito bem), a subprefeita a enche de reclamações a respeito de um móvel que acabara de adquirir:

"Escute, quero que me devolva o dinheiro dessa cômoda, ela é falsificada, um amigo que conhece o assunto me garantiu. Vocês são desonestos e eu vou destruir sua reputação."

Paula deixa-a falar e só então responde:

"A senhora está falando da cômoda império, de mogno, aquela que lhe entregamos?"

O perfume, o calor e o ambiente do Caribe lhe vêm à mente quando se lembra dessa última entrega, feita antes de viajar.

"Exatamente." E recomeça a sua ladainha de reclamações. Paula a interrompe e diz:

"Se estou entendendo bem, parece que a senhora está duvidando da autenticidade da cômoda. É isso?"

"Sim".

Paula sente o mau humor e, consciente de sua reação, pega uma concha das Antilhas e replica com calma:

"A senhora realmente acha que eu seria capaz de enganá-la?"

"Foi o que meu amigo me disse."

"Compreendo seu ponto de vista. Esse amigo também é antiquário?"

"Claro que não, mas isso não impede que seja um grande conhecedor de móveis."

Segura de si, Paula continua calmamente. Não vai ceder, em memória de seu pai, um homem honesto e trabalhador:

"Senhora, há 20 anos faço este trabalho. É muito comum termos de restaurar uma mercadoria, refazermos inteiramente as gavetas, por exemplo, mas sempre avisamos nossos clientes e os preços não são os mesmos. Eu fiquei no lugar de meu pai e como ele, sou uma pessoa honesta".

E Paula ainda acrescentar: "Agora, não há nenhum problema em aceitar de volta essa cômoda pelo preço que a senhora pagou. Eu lhe asseguro que está cometendo um grande erro, mas... como a senhora parece estar convencida. Enfim, é um móvel muito fácil de vender, do tipo que os conhecedores não deixam escapar. Bem, resolva-se porque preciso avisar meu cliente! Finalmente, ele poderá comprar aquela cômoda maravilhosa. Mando buscar o móvel amanhã cedo ou à tarde?"

Ela está consciente da dúvida que, aos poucos, conseguiu instalar no espírito da subprefeita, graças a seu equilíbrio e firmeza. De fato, surpresa com a elegância e cortesia de Paula, ela muda de idéia.

"Você concordaria em me dar um certificado de autenticidade?"

E Paula, sorridente: "Com certeza, senhora subprefeita!"

Paula resolveu o problema.

Nossa vida é pontilhada de momentos eufóricos e agradáveis e também de momentos difíceis, cansativos ou insuportáveis. Quando nos deparamos com esses momentos, devemos ser capazes de provar a nós mesmos que podemos vivê-los, mesmo se estiverem carregados de emoções negativas.

Com efeito, é nessas horas difíceis que temos mais necessidade de nos motivar. Para quem? Para quê? Para nós mesmos e para os outros, para poder enfrentar situações desestabilizadoras, para sermos capazes de reagir e de encontrar soluções para nossos dissabores.

Depois que a visitante vai embora, Paula (*ver p. 86*) põe para fora suas emoções. Ela ri e se felicita pela vitória. Acha que a subprefeita foi indelicada por não fazer nenhuma menção ao falecimento de seu pai, que conhecia, e fica triste com isso. Por fim, ela se descontrai, chamando sua cliente de todos os nomes que conhece.

Nessa outra cena da vida de Paula, podemos notar que se deixar levar pelas emoções e estar consciente delas são duas coisas bem diferentes.

Utilize suas emoções

Nossas emoções devem estar a nosso serviço e, assim, serem capazes de nos ajudar a nos motivar quando enfrentamos situações desagradáveis ou desmotivadoras.

A ancoragem

A chave da inteligência emocional é ter consciência das emoções, à medida que elas brotam em nós. Poderíamos até pensar que nossas emoções se exprimem espontaneamente. No entanto, guardamos bem guardados na memória episódios em que não avaliamos bem nossas emoções reais, ou que o fizemos superficialmente e tarde demais, acabando por reprimi-las.

Nesse exemplo, a subprefeita deixa-se dominar pelas emoções: acha que foi enganada e é tomada pela cólera que resulta disso. Ela não pensa nem na delicada situação de Paula nem no tom, que chega a usar.

Paula, ao contrário, está atenta a suas reações e usa suas emoções como uma âncora (a concha que a faz lembrar das Antilhas) para se conter e não entrar no jogo da petulante. Motiva-se graças a lembranças das Antilhas e à memória de seu pai, todas emoções positivas naquele momento.

Durante a aprendizagem da motivação, a ancoragem costuma ser usada de maneira consciente. No caso de Paula, consciente de que ao se lembrar de emoções agradáveis isso exerce um efeito positivo sobre seu comportamento, a ancoragem tornou um reflexo que acontece inconscientemente. Quando estamos motivados é isso o que acontece.

O que é a ancoragem?

Em programação neurolíngüística (PNL) — criada em 1970 pelo lingüista John Grinder e pelo matemático Richard Bandler, ambos doutores em psicologia —, a ancoragem consiste em associar uma reação interna a um estímulo externo, de maneira que se possa reproduzir essa reação utilizando o mesmo estímulo.

Uma ancoragem pode ser visual, auditiva ou cinestésica. A ancoragem é, portanto, um fenômeno inconsciente, que provoca comportamentos condicionados, negativos ou positivos, e pode ser trazido à consciência.

- Ancoragem auditiva: representação de uma realidade com base em uma informação auditiva.
- Ancoragem visual: representação de uma realidade com base em uma imagem.
- Ancoragem cinestésica: representação de uma realidade com base em de uma percepção tátil, olfativa, gustativa ou sensorial.

As associações que resultam das ancoragens são âncoras. Nossa vida cotidiana está cheia delas. Todos já tivemos a oportunidade de observar as sensações de alegria, cólera ou medo que podem se instalar numa pessoa, por exemplo, quando ela ouve uma música, o nome de alguém ou vê um uniforme. A publicidade é uma "fábrica" de âncoras. Eis alguns exemplos de âncoras inconscientes:

- Quando passa num exame, Isabela coloca seu *tailleur* predileto.
- A música árabe evoca-nos a sensualidade da dança do ventre.
- Comerciais de creme dental utilizam associações com a água, transmitindo uma sensação de frescor.
- Imaginar alguém passando as unhas num quadro-negro nos causa arrepios.

Da mesma forma, podemos colocar ou utilizar as âncoras de maneira consciente e positiva:

- Quando o sr. X decidiu parar de fumar, seu médico lhe perguntou a que fato ele associava a decisão de não fumar mais. O sr. X respondeu: uma floresta. E então comprou um pôster de uma floresta magnífica e o colocou em seu escritório. Desde então, quando lhe oferecem um cigarro, o sr. X olha para o pôster e imagina estar respirando o aroma dos bosques para afastar a tentação. Esse procedimento chama-se "estado de criação de recursos".

Em contrapartida, é preciso estar atento para não colocar âncoras negativas:

- O marido que beija a mulher no pescoço toda vez em que ela está de mau humor. O simples fato de beijá-la sempre no mesmo lugar nessa situação pode provocar automaticamente nela um sentimento de irritação!

Lembre-se sempre de que para nos motivarmos, quando for necessário, é preciso ter consciência clara de nós mesmos, para que possamos desfrutar de nossas emoções e utilizar âncoras que nos sejam úteis.

Que âncoras Paula usa?

Localize todas as âncoras que existem em Paula e analise o interesse dela em utilizá-las.

Que âncoras você usa?

- A consciência que temos de nós mesmos é adquirida por meio da auto-observação. Quando você vive momentos de intensa emoção:
  1. Você os percebe?
  2. Você os analisa?
  3. Você os memoriza intencionalmente?

- Numa fase de desmotivação, procure treinar:
  1. Investigue as emoções vividas e que lhe podem ser úteis.
  2. Defina uma ancoragem motivadora para você.
  3. Utilize essa ancoragem e depois aja.
  4. O que você deduz dela?

Um pensamento criativo

O pensamento criativo envolve:

- definir do pensamento criativo;
- elaborar do pensamento criativo;
- analisar o pensamento criativo e suas conseqüências sobre nossa motivação.

Todos nós possuímos um potencial criativo importante, mas geralmente mal explorado porque:

- nós o ignoramos;
- não sabemos tirar partido dele;
- ainda vivemos de acordo com as regras de uma educação voltada para o passado, baseada em modelos preestabelecidos e seguros;
- preferimos a atitude que suprime o risco de propor idéias originais (aos outros ou a nós mesmos). Segundo Claude-Pierre Vincent, do Instituto Francês de Gestão: "A criatividade consiste na capacidade de sair do quadro do problema e procurar aleatoriamente elementos capazes de provocar a descoberta de novas soluções".

Uma definição do pensamento criativo

Num estado de espírito desmotivado, nosso primeiro reflexo é buscar refúgio naquilo que conhecemos bem. Vimos nas duas primeiras partes deste livro que diferentes fontes de desmotivação que pertençam a nosso meio podem bloquear nossa capacidade de nos motivarmos, como a falta de realismo, o isolamento, a insegurança, as interpretações que fazemos ou nossa própria saúde.

Só pensamos em sair dessas fontes e nos motivar baseados naquilo que conhecemos. Se o que conhecemos não pode ajudar, isolamo-nos e desistimos porque esses modelos e referências não correspondem à problemática que estamos vivenciando. E, então, perceberemos que só o pensamento criativo permitirá que deixemos a "auto-estrada do pensamento" e tomemos caminhos alternativos. Ele pode nos ajudar a resolver os problemas e a encontrar novas idéias, quando parecemos estar num beco sem saída. O pensamento criativo é o elemento essencial na construção de nossa motivação e para conquistá-lo é preciso:

- arranjar um tempo para "divagar" e afastar-se dos dados que atrapalham a resolução de um problema, para depois voltar a ele fortalecido;
- considerar que cada problema permite inúmeras soluções e coletar o maior número de possibilidades aumenta a probabilidade de encontrarmos a solução mais adequada;
- concordar em não rejeitar imediatamente uma idéia, mesmo que, a priori, ela pareça totalmente inadequada ao problema em questão;
- ter em mente que, quando uma imagem é evocada, não é por acaso; pode ser interessante e até gratificante decodificá-la;
- evitar sempre as críticas gratuitas a novas idéias.

O esquema a seguir mostra o que devemos levar em conta para resolver um problema e sair de nossa atitude habitual, desenvolvendo, assim, nosso pensamento criativo:

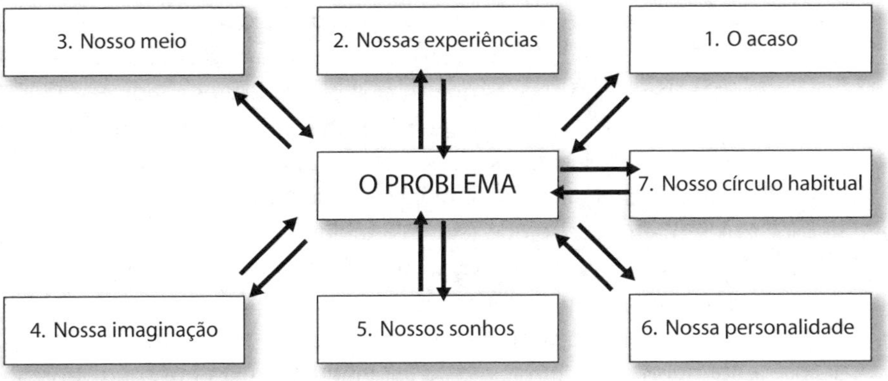

Roger Von Oech, consultor, formado pela Universidade de Stanford, um dos gurus do Vale do Silício, nos Estados Unidos, desenvolveu seus próprios métodos para "soltar os grilhões" que bloqueiam a criatividade e é ele quem afirma que, para sermos criativos, precisamos olhar a mesma coisa que as outras pessoas mas pensar de forma diferente.

Às vezes, é necessário um baque para sacudir nossa maneira de pensar e fazer com que nos motivemos.

Rosa: um sonho impossível?

Rosa e sua família moram numa casa que pertence aos sogros. Essa casa nunca será dela, pois os sogros fizeram um testamento diferente, onde deixam para o marido dela a casa na qual vivem atualmente, que é uma outra. Rosa não está satisfeita com essa situação que a impede de realizar onde mora as melhorias e as reformas que ela gostaria de fazer. Essa é a razão pela qual propôs aos sogros lhes comprar a casa, mas sua sogra teve um verdadeiro choque: "Você não vai tirar de nós os nossos bens!".
Isso abateu muito Rosa, deixando-a totalmente desmotivada.

Aparentemente, o futuro de Rosa (*ver acima*) estava todo traçado. Para a pergunta "Onde eles devem morar?", a "resposta certa" parece ser: "Rosa e sua família devem morar nessa casa pequena até a morte dos sogros e depois ir morar na casa deles". Rosa poderia ter ficado satisfeita se tivesse herdado a casa. O choque da resposta negativa de sua sogra faz com que ela encarasse o futuro de maneira completamente diferente, fazendo-se novas perguntas: "Por que eu deveria fazer o que foi decidido para mim? Qual é a utilidade de viver praticamente uma vida inteira, sem poder fazer na casa as melhorias que eu gostaria? Se temos condições de comprar esta casa, por que não comprar uma outra então? O que me bloqueia? É importante? Essa maneira de viver é a única resposta certa?".

Rosa decide procurar uma imobiliária, que lhe apresenta várias soluções. Por fim, encontra o que está procurando e convence o marido a mudar. Agora moram numa bela casa, que pertence a eles e na qual podem fazer as reformas que bem entenderem.

Percebemos então, como no caso de Rosa, que, se multiplicarmos as perguntas, abriremos um leque de possibilidades para nos motivar.

A primeira atitude para o pensamento criativo é ter consciência de que nosso sistema educativo, que nos leva a buscar a resposta certa, não é forçosamente a melhor solução.

O pensamento nítido e o pensamento difuso

Existem duas categorias de pensamento: o pensamento nítido e o pensamento difuso. O pensamento nítido nos faz encarar as coisas sob um ângulo lógico e preciso. Já o pensamento difuso, ao contrário, é menos rígido, e abre o campo das reflexões, levando-nos a considerar quaisquer problemas sob múltiplos ângulos. Assim, é importante desenvolver as

Nítido ou difuso

1. Quais são os problemas que você tem de enfrentar ou as perguntas que o preocupam?
2. Quais são as soluções em que pensou? Você tem várias soluções ou apenas uma resposta certa?
3. Se essas soluções não são adequadas para você, formule diversas perguntas novas.
4. Faça uma lista das diferentes possibilidades que encontrou.

duas formas de pensamento. Para combater os freios do pensamento nítido, é útil lançar mão de metáforas, que são procedimentos pelo qual associamos o sentido próprio de uma palavra ao sentido abstrato de uma outra sem utilizar uma comparação explícita. Exemplo: a luz do espírito, a flor dos anos, arder de desejo.

As metáforas têm um lado poético e analógico. Analogia é a relação de semelhança que duas ou mais coisas ou pessoas apresentam, como, por exemplo, a pele suave e o veludo, e que nos permite construir nosso pensamento criativo e imaginar novas soluções, capazes de nos conduzir à motivação.

Ative o pensamento criativo

Numa coluna com o título "difuso", anote quais os termos abaixo ilustram o pensamento difuso e metafórico, levando em conta a contradição. Numa outra coluna com o título "nítido", escreva os que traduzem o pensamento nítido, lógico e preciso. Lógica, metáfora, sonho, razão, precisão, humor, constância, ambigüidade, jogo, trabalho, exato, aproximativo, direto, realidade, paradoxo, sinuoso, análise, intuição, generalização, específico, criança, adulto.

Veja solução na p. 102

A ELABORAÇÃO DO PENSAMENTO CRIATIVO

Existem duas fases principais no processo de elaboração do pensamento criativo:

- uma fase embrionária, na qual as idéias são concebidas, confrontadas;
- uma fase prática, na qual as idéias são avaliadas e colocadas em execução.

O pensamento difuso é útil, sobretudo, durante a fase embrionária da solução de uma questão. Assim, não é aconselhável pensar de maneira difusa durante a fase prática, quando colocamos uma idéia em execução. Nesse momento, é melhor ser firme e franco do que sonhar ou ambicionar.

Nosso sistema de educação é suficientemente bem concebido para nos fazer desenvolver o pensamento nítido, mas não favorece o pensamento difuso, que nos é muito mais necessário para resolver problemas e nos lançar na pesquisa de novos pontos de apoio, relacionados à motivação. Os testes de QI são o exemplo flagrante dessa lógica.

Os talentos relacionados à música, à decoração, à pintura ou à habilidade de cozinhar, por exemplo, não são levados em conta na realização de testes de inteligência.

Se você tem tendência a desenvolver um pensamento nítido, bloqueando o pensamento criativo, as metáforas podem lhe ser muito úteis. Elas ajudam efetivamente a compreender uma idéia enquanto se procura outra e fazer associações. A analogia é a chave do pensamento metafórico.

O neuropsiquiatra francês Roger Vigouroux diz: "Entre os 3 e 6 anos de idade, surge um período de rica produção de idéias, definido como uma verdadeira idade do ouro da criação. A imaginação e a expressão de metáforas feéricas ou engraçadas povoam nossa produção verbal". Ele dá alguns exemplos: "a fumaça das chaminés se transforma em cortinas que escondem o sol", ou "as nuvens e o sol que se tornam

Crie metáforas

1. Crie metáforas sobre a vida, segundo o sentido que você atribui a ela.
2. Divirta-se pedindo a seus parentes que procurem cinco metáforas.

Eis aqui três exemplos para ajudá-lo a começar:

- A vida é como um trecho de música. Ele tem um começo, um desenvolvimento e um fim. Nesse meio estão ritmos diferentes, refrões, passagens harmoniosas ou inesperadas. Podemos gostar mais ou menos dele, mas a maneira como é interpretado é única.
- A vida é como um cruzeiro num barco. Há períodos de tempo bom e sol, de calmaria ou de tempestade; o essencial é conhecer o roteiro e mantê-lo.
- A vida é como um livro. Viramos as páginas umas após as outras, e os capítulos desfilam, deixando-nos impressões diferentes e trazendo sempre um pouco mais de informações sobre a história.

aparições de Deus", ou o "perfil de uma feiticeira". Ele ainda nos esclarece que esses pensamentos criativos, tão importantes para os artistas, secam com o passar dos anos, abafados por esquemas rígidos, regras estabelecidas e pelo ensino, que condicionam o funcionamento da mente.

Assumir uma posição moderna e ousada, desafiando e questionando as regras, é uma boa estratégia de pensamento criativo. Toda pessoa criativa e motivada está o tempo todo em atividade e buscando sempre melhorar as regras, adaptá-las, encontrar outras melhores.

Porque o que é verdadeiro num determinado instante não necessariamente continua sendo num outro, pois uma regra que é válida num contexto não continua sendo adequada quando a situação se transforma e evolui.

É necessário esquecer e omitir voluntariamente certas regras para poder criar outras. Por isso o pintor espanhol Pablo Picasso costumava dizer: "todo ato de criação é antes de tudo um ato de destruição": porque, caso contrário, você pode ficar fixado a uma única maneira de agir ou de pensar.

O exemplo abaixo prova que, embora o objetivo permaneça o mesmo, os meios para atingi-lo podem variar.

Carol: uma aula criativa

Carol, uma estudante, entra no anfiteatro para assistir a um curso de vendas. Para sua grande surpresa, o rock que está no topo das paradas está tocando na sala. Todos ali estão gostando e surpresos. Mas ninguém está reagindo à música, continuam em silêncio. O professor pega um microfone e pergunta: "Ao ouvir essa música, vocês não ficam com vontade de bater palmas e marcar o ritmo com os pés?". A classe concorda.

"Então, por que não estou ouvindo nada? Vamos, façam o que estão com vontade de fazer." Uma algazarra toma conta do anfiteatro. Os alunos, encantados, deixam-se levar por aquele momento especial e passam a bater palmas, marcando o ritmo contagiante com os pés, divertindo-se como loucos. Quando a música pára, o silêncio volta. Os alunos esperam uma explicação.

"Vocês não se perguntam por que, quebrando a regra do silêncio imposta no auditório, eu os deixo ficar à vontade e ainda mando fazer barulho?", pergunta o professor.

"Porque, como puderam constatar, este é um meio original de se conseguir o silêncio e uma boa audiência. É uma demonstração simples, mas eficaz, de que é possível contornar as regras com criatividade para atingir seu objetivo!"

E o professor continuou a aula no mesmo estilo. Carol ficou entusiasmada.

O pensamento criativo sobre a motivação

A imaginação

Para sair da realidade habitual, das soluções rotineiras e daquilo que você está condicionado a fazer, faça o exercício a seguir, que você talvez conheça pelo nome de "retrato chinês", praticando-o com freqüência. Proponha aos que convivem com você que também o façam. Quanto mais você treinar, mais fértil sua imaginação vai se tornar.

Cultive sempre a imaginação, desenvolva a imaginação, evitando julgar muito rapidamente suas próprias idéias, porque a apreciação prematura impede a concepção de novas idéias. Faça a si mesmo perguntas que começam por: "E se...?". Seja sozinho ao volante do carro, numa sala de espera ou na fila do cinema. Quando for colocar as crianças para dormir, jogue o jogo do "retrato chinês" com elas e descubra novos horizontes. Aos poucos vai surgir uma maneira diferente de você vivenciar o seu cotidiano.

Quebrando paradigmas

Treine sua imaginação usando como modelo as seguintes perguntas:
Se eu tivesse 6 anos, o que pediria a Papai Noel?
Se eu fosse *designer* de automóveis, como seria meu modelo ideal?
Se eu mudasse de profissão, o que gostaria de fazer?
Se eu mudasse de casa, como seria o meu novo espaço?

O riso

O riso permite oxigenar o cérebro, distender os músculos, relaxar. Libera as idéias, a espontaneidade, a despreocupação, o nosso lado "criança". É a "hora do recreio" para as crianças e são férias instantâneas.

O bom humor e o riso nos ajudam a descontrair e a ganhar novo ânimo quando os problemas cotidianos e as preocupações de rotina nos afetam, fazendo-nos sentir desmotivados. São elementos essenciais para transformar nosso humor, fazer-nos encarar as situações com certo distanciamento e resgatar o que há de melhor em nós.

Tenha senso de humor, seja capaz de rir de si mesmo, dos outros, das ambigüidades, das situações grotescas. Descontraia-se graças ao riso. O riso encoraja e, às vezes, chega mesmo a curar; o riso motiva, porque nos dá vontade de fazer coisas.

Historinhas engraçadas

"Meu professor de ecologia insistia tanto na necessidade de economizar água e combustível e de reciclar ao máximo os materiais do dia-a-dia, que acabei pondo em prática suas recomendações. Passei a deixar meu carro na garagem e tomar ônibus e a jogar garrafas e vidro nos latões específicos de lixo reciclável, por exemplo. Qual não foi minha surpresa ao ler, na tarefa que ele tinha corrigido e me entregado, a seguinte observação: 'Obrigado por fazer suas lições num papel de melhor qualidade'. Eram folhas de meu caderno de papel reciclado!"

"Como sou mãe de duas crianças bem pequenas, procuro evitar as filas. Por isso, costumo usar os caixas automáticos. Porém, outro dia, já que meus filhos pareciam especialmente dispostos a colaborar, resolvi entrar no banco para fazer um depósito. Conversando com o funcionário, brinquei com o fato de que, de tanto utilizar as máquinas automáticas, eu não sabia mais preencher os formulários.

"Mas, senhora, seu formulário está preenchido corretamente!", respondeu ele. "O único problema é que o seu banco... fica do outro lado da rua!".

O risco

Uma pessoa que nunca corre riscos nem comete erros dificilmente será criativa. Correr riscos e cometer erros pode ser um bom caminho para a inovação. A criação e a invenção são fontes inesgotáveis de motivação. Os erros são freqüentemente a fonte de novas idéias, são motivadores, pois nos levam a não querer repeti-los. O erro, muitas vezes útil, faz parte da experiência de viver. Através dos erros, crescemos e melhoramos ao aperfeiçoar a qualidade de nossas atitudes.

A lição dos erros

- Esquecer de salvar um arquivo no computador, reclamar, praguejar e, ao fazê-lo, ter uma nova idéia ainda mais genial e, então, agradecer aos céus.
- Uma dona de casa elabora um jantar para alguns convidados, com ostras quentes ao molho de creme de leite, seguidas de frango ao creme de milho e, por fim, morangos com creme de leite, quando se dá conta de que três dos seis convidados detestam creme de leite. Chateada com o "furo" do menu e obrigada a encontrar uma solução rápida,

(continua)

A lição dos erros *(continuação)*

ela acaba servindo pedaços de frango frito e, como sobremesa, doce de leite com queijo fresco. Resultado: essa mulher nunca cometerá esse erro novamente. No futuro, ela seguramente buscará idéias diferentes e variadas na composição de seus menus.

• Lançar um telefone celular no mercado e perceber que foi um erro, pois ele já era obsoleto. Fracasso total. Analisar as razões desse fracasso. Trabalhar um novo conceito, estudar e adaptar necessidades, pesquisar e prever padrões e cores.

Erros que ensinam

1. Tente lembrar os riscos que você poderia ter corrido.
2. Pense num erro que cometeu e analise-o.
   - Você o repetiu?
   - Você aproveitou isso para melhorar a si mesmo?
   - Ele oferece novas idéias? Quais?
   - Ele o motivou?

O jogo

Em termos de formação, comprova-se cada vez mais que o jogo é um meio eficaz de aprendizagem. Por quê? Porque quando jogamos, ficamos particularmente motivados e envolvidos, assimilando mais e melhor o que nos é ensinado.

Considere o jogo como uma ferramenta de trabalho. E o trabalho e os problemas, como jogos. O jogo torna o espírito fértil e motiva aqueles que participam, pois quase sempre todo mundo acaba "entrando na brincadeira".

"Se der um peixe a seu filho, alimenta-o por um dia. Se o ensinar a pescar, alimenta-o por toda a vida." Todos nós estamos conscientes da verdade deste provérbio, mas ainda estamos condicionados a uma maneira retrógrada de ensinar a pesca! A formação, o ensino e a educação ainda são sinônimos de severidade, austeridade ou de punição. A idéia de que para aprender é preciso sofrer – ou de que quanto mais rigoroso, mais eficaz – vem de gerações de professores que associavam jogo com desordem, bagunça.

O ensino lúdico parte do princípio de que é inútil sofrer para aprender ou para progredir. Muito ao contrário. Jogar para resolver um determinado problema nos permite desenvolver a imaginação mais rapidamente, tamanha a força de motivação e de empenho (de competir) empreendida em um jogo. Não é por acaso que o filósofo chinês Confúcio dizia "diga-me e esquecerei, ensine-me e me lembrarei, envolva-me e aprenderei."

Faça o teste "Aprendendo a jogar", no fim deste capítulo (*ver p. 101*), para saber se você realmente se motiva com os jogos.

A curiosidade

Ser curioso é uma grande qualidade. A curiosidade significa interessar-se por uma diversidade de coisas que ultrapassa o domínio da especialidade. É ir buscar idéias, bisbilhotar, estar aberto e atento a tudo o que nos rodeia. Pelo que podemos nos interessar? Por teatro, pintura, costura, vidraçaria, viagens, exposições, cemitérios, mercados de pulgas, história, esportes, livros, plantas e flores. Uma lista evidentemente infindável. Qualquer que seja sua atividade, todo campo novo para você pode ser uma fonte de inspiração. E de motivação também.

Teste sua curiosidade

1. O que você faz além de suas responsabilidades, de suas obrigações, de seu trabalho?
2. Você tem muitas perguntas em mente? Quais?
3. Você busca respostas para suas perguntas?
4. O que atrai seu interesse na vida?

Sonhar acordado

Este é um recurso que pode nos ajudar a desenvolver nossa criatividade, imaginação e motivação. A fantasia é uma ferramenta consciente e útil para o pensamento criativo, que nos conduzem à motivação. A fantasia é a representação imaginária que traduz desejos mais ou menos conscientes. As fantasias podem ser conscientes (devaneios diurnos, projetos, realizações artísticas) ou inconscientes (sonhos, sintomas neuróticos).

A definição que os dicionários dão dessas palavras é interessante porque evoca a noção de "projeto". E sabemos que os projetos são elementos que contribuem para desmotivar ou para nos motivar. A ausência de projetos é em si uma fonte de desmotivação, assim como fazer projetos é essencial na construção de nossa motivação. Elaborar nosso pensamento criativo, graças aos diferentes conselhos que oferecemos neste capítulo, tem por finalidade nos projetar ao futuro, através de nossas fantasias e sonhos.

Sonhe e projete-se no futuro. Os sonhos, tal como os projetos, são aberturas no cotidiano, uma parte do que é realizável e do que é impossível, são o exotismo do cérebro, e sempre muito úteis para a motivação.

Num sonho, podemos ser rei ou rainha, fada ou gênio, ator e modelo conhecido ou mesmo um bandido famoso, um vândalo total embora em geral todos nós prefiramos nos imaginar no papel de bonzinho. Podemos nos imaginar no papel de ricos, belos e famosos, apaixonados e totalmente satisfeitos. Ao contrário do sonho noturno, o sonhar acordado ignora a realidade interna e o conflito mais profundo. Ele é uma realização do desejo onipotente e é sempre egocêntrico. Somente as pessoas mais *fechadas*, limitadas, e os indivíduos rígidos são privados do sonhar acordado. A falta do sonho torna a pessoa pobre e desinteressante.

Uma boa dose de sonho e de fantasia só pode nos ajudar a formular projetos e, dos muitos imaginados, alguns se realizam. A elaboração e o resultado desses projetos fazem parte da construção da motivação.

Quando fantasia e imaginação se encontram ficamos menos centrados em nós mesmos e podemos observar melhor os outros e o ambiente que nos cerca. Portanto, fantasia e imaginação andam juntas e favorecem o surgimento de idéias de projetos.

O teste "Sonhos e realidade", no fim deste capítulo (*ver p. 101*), pode ajudar você a estimular sua imaginação e seus projetos.

Aprendendo a jogar

1. Cite cinco jogos de que você participou. Explique-os, como no exemplo abaixo .
2. Comente-os e analise a posição e o papel de cada jogador. O que você deduz disso?

Jogo	Explicações	Comentários	Deduções
Abalone	Jogo de estratégia que se joga em dupla. Numa plataforma octogonal, cada jogador possui um certo número de bolas. O objetivo é tirar cinco bolas do campo do adversário.	Esse jogo exige concentração. É preciso ser capaz de antecipar as jogadas, imaginar as reações do outro.	No final desse jogo, que é agradável e proporciona um bom convívio entre as pessoas, os dois participantes estão felizes, relaxados, contentes. Eles conversam sobre sua estratégia. O clima é muito agradável.

Sonhos e realidade

1. Anote suas fantasias. Conte uma ou mais histórias que você imagina que têm ligação com elas
2. Faça uma lista dos projetos que elas originam sem se censurar. O exemplo seguinte o ajudará a compreender o processo:

Fantasia	Imaginação	Projetos
Eu sou cantora. Tenho um repertório de música folk americana, que agrada muito. Faço muito sucesso. Vejo-me subindo num palco, diante de um auditório imenso, lotado. Um ambiente caloroso....	"E se eu fosse cantora?" Estudaria muito piano, gravaria CDs, estaria num ambiente de trabalho absolutamente genial. Conviveria com músicos profissionais. Viajaria muito.	Estudar piano. Viajar. Conhecer músicos. Cantar. Compor músicas.

Este exemplo mostra que a fantasia utiliza o "como se fosse", enquanto a imaginação utiliza o "como seria se". Trata-se de um processo que permite destacar um certo número de projetos: nem todos são realizáveis, porque alguns não são realistas, enquanto outros, ao contrário, são acessíveis.

Solução do exercício da página 93

Difuso	**Nítido**
Metáfora	Lógica
Sonho	Razão
Humor	Precisão
Ambigüidade	Constância
Jogo	Trabalho
Aproximativo	Exato
Paradoxo	Realidade
Sinuoso	Direto
Intuição	Análise
Generalização	Especificação
Criança	Adulto

Capítulo 6

CONHECER-SE PARA SE MOTIVAR

Descobrir nossos pontos fortes e fracos é indispensável para desenvolver uma motivação "controlada" e realista.

Assim, partindo do pressuposto de que somos os mestres do jogo, precisamos aprender a nos conhecer realmente bem e a determinar o que sabemos fazer, o que fazemos razoavelmente e o que somos incapazes de fazer.

Com freqüência nosso fracasso na realização de projetos deve-se à falta de objetividade em relação a nós mesmos. É preciso aprender a identificar nossos recursos, porque é com eles que contaremos e não com os dos outros.

AS RAZÕES DO SUCESSO

Para conhecer nossos pontos fortes e fracos, é preciso primeiro compreender e analisar os mecanismos que colocamos em ação quando temos sucesso ou quando fracassamos. É aconselhável identificarmos as razões de nosso sucesso a fim de criarmos modelos que possamos seguir e que ajudem a nos motivar para atingir outros objetivos.

LUÍS: A FORÇA DO OTIMISMO

Luís tem 30 anos. Depois de passar sete anos na sede paulista de um banco, foi demitido com mais 30 colegas por causa de um plano de reestruturação. Ele é contador formado e exercia essa função no banco. É casado, pai de três filhos e sua mulher é professora na região do ABC paulista, onde ele comprou uma casa há três anos. Luís de fato se entediava com o trabalho, porque seu desejo é ter contato com o público. Dizia para si mesmo há algum tempo que seria muito bom para ele mudar de profissão. Quando o anúncio da demissão ocorreu, ele pleiteava um curso de especialização.

Passado o choque, Luís decidiu criar sua empresa e ser dono de seu futuro. Um de seus amigos, proprietário

(continua)

Luís: A força do otimismo *(continuação)*

de um restaurante em São Paulo, propôs sociedade a ele para abrirem uma filial em Florianópolis.

Depois de analisar a situação financeira do amigo, Luís procurou cursos de especialização específicos, em que pudesse aprender a gerenciar esse tipo de estabelecimento, e encomendou um estudo de mercado para escolher melhor a localização para a filial de Florianópolis. Paralelamente, conversou com a família sobre o projeto e, juntos, aceitaram enfrentar a aventura após inúmeras discussões. Seus filhos ficaram felizes com a idéia de ir morar na praia e poderem surfar e mergulhar na hora em que quisessem. Quanto à sua mulher, cansada da vida louca da cidade, queria aproveitar a oportunidade para descobrir um mundo diferente. Além disso, ela adora caminhar na praia e é apaixonada por oceanografia. Para Luís, cuja independência fora reprimida durante anos no banco, seria a chance de crescer, agora em sua própria empresa.

Seis meses depois da demissão, Luís associou-se ao amigo e começou a batalha: teve de discutir com os amigos, que diziam ser loucura deixar São Paulo; com a imobiliária, que só criava problemas, e com a Secretaria de Educação, que queria fazer a transferência de sua esposa apenas dali a dois anos. Foi sua grande motivação que o ajudou a permanecer otimista nos momentos realmente difíceis que enfrentou durante a mudança.

Um ano mais tarde, Luís inaugura o novo restaurante em Florianópolis, sua mulher é nomeada para dar aulas na região e sua casa em São Paulo, finalmente vendida.

Alguns colegas do banco, ainda desempregados, quando encontram com Luís, dizem-lhe:

"Que sorte você teve!".

O sucesso de Luís

1. Por que ele teve sucesso?
2. As coisas foram simples para ele?
3. Quais os obstáculos que ele encontrou?

Análise

Luís (*ver acima*) teve sucesso porque estava motivado e porque acreditava em seu projeto. Poderíamos nos contentar com esse tipo de resposta. Nesse caso, isso significaria dizer que basta querer para poder. A vontade é um dos componentes indispensáveis do sucesso. Mas não é suficiente. A vontade sozinha é impotente.

Então, o que aconteceu com Luís?

Podemos enumerar assim as razões do seu sucesso:

- Ele teve sucesso porque tomou providências para colocar todas as oportunidades do seu lado: a pesquisa financeira, um curso de especialização, um estudo de mercado.
- Teve sucesso porque se assegurou de que sua família pudesse juntar-se a ele em Florianópolis, num prazo satisfatório.
- Ele teve sucesso porque contou com a ajuda da família, que avaliou com ele os prós e os contras, concordando em entrar no jogo e assumir os riscos da mudança em conjunto.

Os obstáculos encontrados, as preocupações financeiras, os problemas administrativos, a necessidade de mudança de emprego da mulher e a opinião dos outros poderiam muito bem tê-lo desencorajado. Mas Luís e sua família souberam se projetar no futuro: a própria perspectiva das vantagens ligadas a sua nova situação ajudou a segurar o tranco nos momentos difíceis.

Ele soube agarrar a oportunidade, apegar-se a ela e aproveitá-la. Com certeza a sorte não é a única razão de seu sucesso.

E você, sempre vê a sorte passar na sua frente? Com a ajuda do teste "A razão do seu sucesso", no fim deste capítulo (*ver p. 109*), faça uma análise sobre si mesmo. Pergunte-se sobre as razões de seu sucesso e sobre sua capacidade em empregá-las novamente.

Analise cada uma das suas respostas e compreenda por que teve sucesso em sua empreitada. Essa análise vai lhe permitir, numa outra situação, saber desde o começo até onde você chegará e com que meios.

Suas necessidades

Somos todos diferentes e temos, portanto, alavancas de motivação diferentes, que mobilizamos para satisfazer nossas necessidades.

A história de Robinson Crusoé, sozinho numa ilha deserta após um naufrágio, tem uma relação interessante com esse tema. Vamos tentar entender por que Robinson não se deixou abater e como enfrentou a situação.

Depois do naufrágio, Robinson se viu só, sem nada e perdido. O instinto de preservação permitiu-lhe encontrar meios de comer e beber. Com essas necessidades satisfeitas, tentou proteger-se do frio, da chuva, dos predadores e, por causa disso, decidiu construir uma casa. Ao redor dessa casa, ele organizaria sua vida, reunindo ali todos os elementos necessários à sua sobrevivência e existência: beber e comer (caça e pesca) e estar em segurança (um teto para ele e para a sua criação de animais).

Satisfeitas essas outras necessidades, Robinson começou a se sentir solitário e saiu em busca de companhia. Acabou por encontrar Sexta-Feira. Robinson não está mais só. Pertence a uma comunidade de duas pessoas, o que influenciará seu comportamento.

Ele vai buscar a estima de Sexta-Feira. Em seguida, terá a estima de seus salvadores, que vão admirar o "trabalho" realizado na ilha e a força de caráter desse homem que conseguiu sobreviver num meio tão difícil. E, enfim, ao voltar para casa, respeitado por seus parentes, vai terminar a jornada escrevendo suas memórias.

Sozinho numa ilha, as motivações de Robinson não são, de forma alguma, as mesmas que ele tem quando volta para sua terra.

A pirâmide das necessidades de Maslow

O psicólogo americano Abraham Maslow (1908-1966), autor de livros com uma teoria humanista sobre a motivação (segundo a qual o indivíduo experimenta a necessidade permanente de se auto-analisar e de desenvolver seu potencial) identificou cinco categorias de necessidades subjacentes à motivação, que são:

1. Necessidades fisiológicas (comer, dormir, aquecer-se)
2. Necessidades de segurança (teto, roupas, proteção)
3. Necessidades de vinculação (tribo, família, clã, região, língua, partido, religião)
4. Necessidades de estima ou de reconhecimento (título, posição, divisas, sinal externo, hierarquia, organização social)
5. Necessidades de realização pessoal (reflexão interior, filosofia, meditação, ambição intelectual).

A organização piramidal das necessidades (*ver p. 111*) é interessante, porque, segundo Maslow, só poderemos satisfazer uma necessidade superior, de realização pessoal, por exemplo, se, e somente se, nossas necessidades inferiores, as fisiológicas, tiverem sido satisfeitas.

Para identificar melhor suas próprias prioridades, faça o teste "As suas necessidades" no fim deste capítulo (*ver p. 110*).

Sua personalidade

Para descobrir certos aspectos de sua personalidade e, assim, ter mais clareza a respeito de seus comportamentos como um conjunto de reações, condutas conscientes ou inconscientes, faça o teste "A razão do seu sucesso" (*ver p. 109*), que se utiliza de uma escala, a "Escala de Dimensões Causais", de Russell, criada para ajudar você a se conhecer melhor.

Podemos observar que todos nós temos comportamentos diferentes segundo o contexto em que estamos (por exemplo: diferença de comportamento em nossa vida pessoal e profissional). Isso significa que adotamos diferentes comportamentos em função das situações; logo, não é um comportamento único o qual nos define.

Em contrapartida, nem sempre é fácil prever a maneira como vamos nos comportar. Acontece de agirmos de maneira impulsiva, sem refletir, e de nos vermos em situações complicadas e difíceis de serem administradas. Talvez, num instante de desencorajamento, Luís se deixasse levar por seus impulsos sem considerar a situação de forma objetiva e refletida.

Seu comportamento negativo poderia ter gerado uma desmotivação.

Podemos agir de maneira racional e lógica. Nossos atos são, portanto, coerentes com o que somos realmente. Fazemos o que queremos fazer, agimos em função de objetivos que determinamos e que podemos realizar. O poder de realizá-los significa que somos capazes de assumir nossas escolhas e de partilhá-las, já que estão em coerentes com nossa identidade, valores, competências, ambiente e comportamento. Cada um de nós tem sua identidade. E assumimos nossa identidade quando somos coerentes e nossos comportamentos estão de acordo com nossos valores, idéias e pontos de referência.

Coerência

Quando adotamos comportamentos que são o reflexo de nossa personalidade, podemos qualificar nossa maneira de ser como algo coerente, porque nossos atos estão de acordo com nosso pensamento ou com o que falamos.

A coerência de Luís

Se retomarmos o exemplo de Luís (*ver p. 103*), vamos constatar que seu sucesso é conseqüência de sua coerência e autenticidade: seu projeto de restaurante permite-lhe satisfazer necessidades de independência e de realização pessoal. A vida na praia apresenta-se como uma fonte de satisfação para cada um dos membros da família. Seu comportamento pensado permite-lhe levar adiante seu projeto. Ele faz perguntas corretas para si mesmo e se adapta-se às circunstâncias. Tem as competências necessárias à realização de seu projeto. Para aumentar suas chances de sucesso, buscou um curso de especialização e informou-se muito bem sobre tudo o que envolveu o projeto. Seus valores e os de sua família são compatíveis com a realização desse projeto. Sua identidade pode então se afirmar com toda tranqüilidade, "pois ele faz o que ele é".

Vamos rever essa análise na escala a seguir:

Níveis	**Luís**
Visão do projeto	Viver em família num ambiente satisfatório, que favorece o desenvolvimento de cada um e permite-lhe viver seus valores: o restaurante, em Florianópolis.
Identidade	Busca das soluções que vão ajudá-lo a se desenvolver, a viver seus valores de maneira serena.
Valores	A família, a abertura em direção aos outros, a autonomia, a descoberta.
Competências	Ele as tinha ou as adquiriu (curso de especialização).
Comportamento	Ele fez a si mesmo boas perguntas, ouviu a si mesmo, levou em consideração os que viviam à sua volta, soube se adaptar.
Os que estão em volta	A família aceitou seu projeto, que foi para ela uma fonte de satisfação. É preciso encontrar uma solução. Ele está desempregado.

Sentido da leitura ↑

Esta escala corresponde aos níveis lógicos identificados por Robert Dilts.

Você e sua coerência

1. Reflita sobre um projeto que você acalenta e pense nos meios que tem de levá-lo adiante, identificando o ambiente no qual vai atuar, os comportamentos que vai adotar, suas competências, valores, identidade, e cuidando para que todos esses valores sejam coerentes entre si.
2. Retome a escala de Robert Dilts (*ver acima*) e anote suas reflexões. Comece a preencher essa escala pela parte de baixo. Seus projetos vão se delinear à medida que sua reflexão avançar.

A razão do seu sucesso

1. Reflita sobre o mais recente sucesso que você obteve (profissional, pessoal, familiar ou social).
2. Utilize a "Escala de Dimensões Causais", de Russell (abaixo), para analisar seu sucesso. Defina sua posição fazendo um círculo no número mais próximo de cada pergunta. Depois compare as respostas segundo as categorias P, C ou E.

(P) 1. A causa do seu sucesso...										
Reflete um aspecto de você mesmo?	9	8	7	6	5	4	3	2	1	Reflete um aspecto da situação?
(C) 2. A causa do seu sucesso...										
Pode ser controlada por você ou pelas outras pessoas?	9	8	7	6	5	4	3	2	1	Não é controlável por você nem pelas outras pessoas?
(E) 3. A causa do seu sucesso é...										
Permanente?	9	8	7	6	5	4	3	2	1	Temporária?
(C) 4. A causa do seu sucesso é...										
Desejada por você e pelos outros?	9	8	7	6	5	4	3	2	1	Não desejada por você nem pelos outros?
(P) 5. A causa do seu sucesso está...										
Dentro de você?	9	8	7	6	5	4	3	2	1	Fora de você?
(E) 6. A causa do seu sucesso é...										
Estável com o tempo?	9	8	7	6	5	4	3	2	1	Variável com o tempo?
(P) 7. A causa do seu sucesso vem...										
De você?	9	8	7	6	5	4	3	2	1	Dos outros?
(E) 8. A causa do seu sucesso pode...										
Não mudar?	9	8	7	6	5	4	3	2	1	Mudar?
(C) 9. A causa do seu sucesso é uma coisa pela qual...										
Ninguém é responsável?	9	8	7	6	5	4	3	2	1	Alguém é responsável?
(P) = pessoal, (C) = controlabilidade, (E) = estabilidade										

Baseado no livro *Introduction à la psychologie de la motivation*, Études Vivantes, 1993.

As suas necessidades		
Você dispõe de 100 pontos para repartir, segundo suas preferências, entre as 35 sugestões de necessidade. Você deve escolher obrigatoriamente entre 6 e 15 proposições.		
Número	**Pontos**	**Proposição**
1		Ter um emprego estável.
2		Obter respeito por sua pessoa.
3		Respeitar os horários, organizar-se para ter períodos de descanso, de lazer.
4		Receber um salário elevado.
5		Dirigir uma empresa de renome.
6		Beneficiar-se com boas condições de trabalho.
7		Desfrutar das vantagens do dinheiro.
8		Fazer um trabalho de qualidade.
9		Fazer carreira.
10		Dar-se bem com os outros.
11		Ter uma comunicação organizada.
12		Correr riscos.
13		Desfrutar de uma posição, de um status na empresa.
14		Conseguir uma promoção.
15		Realizar um trabalho estimulante.
16		Beneficiar-se de uma pensão, de uma aposentadoria, de vantagens em termos sociais.
17		Beneficiar-se de serviços: esportes, viagens etc.
18		Estar numa empresa sólida.
19		Não ter de trabalhar muito duro.
20		Saber o que se passa na empresa.
21		Ter o sentimento de que realizou um trabalho importante.
22		Ser membro de um organismo de representação junto à direção.
23		Ter um cargo definido.
24		Ter um chefe que lhe dá parabéns pelo seu trabalho.
25		Trabalhar numa empresa em que cada um tem uma função bem definida.

(continua)

(continuação)

26		Evoluir numa empresa dinâmica.
27		Assistir ao máximo de reuniões.
28		Estar de acordo com os objetivos da empresa.
29		Desfrutar de liberdade no trabalho.
30		Dispor de oportunidades para desenvolvimento pessoal.
31		Ser punido, se necessário.
32		Ter um superior competente.
33		Escolher a época das férias.
34		Trabalhar sob atenta supervisão.
35		Trabalhar perto de casa.
TOTAL	**100 pontos**	

Retomando a pirâmide de necessidades definida por Maslow (*ver p. 106*):

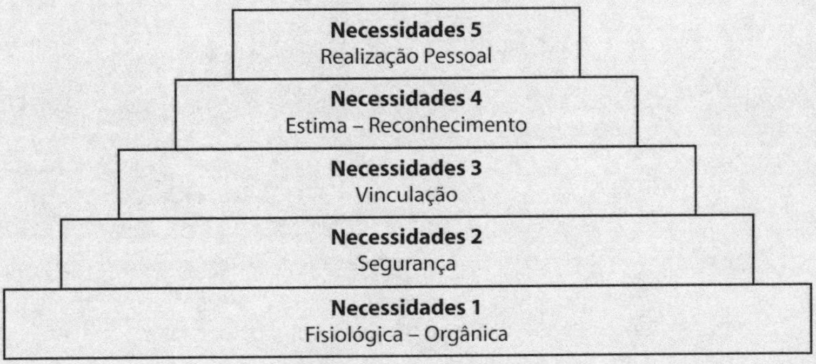

Classificamos as diversas sugestões segundo uma hierarquia. Distribua os pontos de acordo com o nível da necessidade correspondente à sugestão:

Necessidades	Proposição	Pontos obtidos	Total
1	3, 6, 7, 17, 19, 33, 35		
2	1, 9, 16, 18, 22, 31, 34		
3	2, 5, 10, 11, 20, 27, 32		
4	4, 8, 13, 21, 23, 24, 29		
5	12, 14, 15, 25, 26, 28, 30		

Parte IV

Tomar as rédeas do próprio sucesso

CAPÍTULO 7 – Explorar seu potencial

- Seu entusiasmo 115
- Sua perseverença 118
- Testes 122

CAPÍTULO 8 – Em sintonia com o ambiente

- Escutar os outros 123
- Ser positivo 126
- Tomar distância 131
- Ser realista 133
- Testes 137

Capítulo 7

EXPLORAR SEU POTENCIAL

Todos nós temos um potencial de qualidades e energia que é necessário explorar quando queremos nos motivar. Desmotivados, deixamos essas riquezas ocultas em nosso interior, sem as explorar nem nos desenvolvermos.

As chaves para esse desenvolvimento são o entusiasmo e a perseverança, que liberam nosso potencial e combatem qualquer desmotivação.

SEU ENTUSIASMO

O entusiasmo é uma emoção que deve ser despertada, pois é elemento essencial na construção da motivação. É por isso que, quando estamos entusiasmados, irradiamos felicidade, alegria e somos capazes de agir com paixão.

ESTEFÂNIA: O OTIMISMO EM PESSOA

Estefânia tem todas as razões do mundo para estar desmotivada. Mas, apesar de tudo, ela demonstra entusiasmo. Divorciada recentemente e mãe de duas crianças pequenas, ela acaba de perder o namorado em um acidente. Sozinha e obrigada a mudar de casa, ela ainda precisa renegociar seu saldo negativo com o banco. Ela terá, ainda hoje, uma reunião com eles. Também tem de acertar sua situação profissional: o hospital onde trabalha deverá fechar. Mais tarde, ela vai encontrar-se com sua chefe, que talvez lhe ofereça um outro cargo.

Às 19h, ela passa para ver sua amiga Míriam e lhe diz: "O que eu mais desejo agora é tomar um drinque. Hoje, tive um dia bem difícil. Duas reuniões importantes, uma atrás da outra, é demais!".

Ela conta em detalhes os dois encontros para Míriam e diz, bem-humorada: "O importante foi ter chegado às melhores soluções, tendo em vista a minha situação. Não vejo a hora de chegar amanhã! Sabe que eu adoro nossas partidas de tênis e tenho muita vontade de melhorar meu jogo? Você não tem?". E dá uma boa risada.

As pessoas fracassam não por falta de inteligência, mas por falta de paixão. Seria a paixão uma garantia de sucesso? Certamente – quando estamos apaixonados, nos envolvemos naquilo que fazemos e, dessa forma, agimos e realizamos projetos. Se estamos entusiasmados, somos capazes de dominar nossas infelicidades e dificuldades, pois o otimismo nos estimula a reagir, a esquecer a raiva e a tristeza e a olhar para o futuro e para soluções possíveis. Adotamos uma atitude positiva porque temos confiança em nós mesmos e conseguimos liberar toda a energia que permite que nos motivar mais facilmente.

Para ajudar você a manter seu entusiasmo nas situações críticas que vier a atravessar, damos cinco conselhos (*ver à esquerda*).

Estefânia, ao enfrentar inúmeras dificuldades, consegue manter seu entusiasmo. Até parece que ela colocou em prática os conselhos que vamos lhe dar.

Oberserve: Estefânia teve duas reuniões delicadas no mesmo dia. Nos dois casos, tem de fazer valer seus direitos e reivindicações.

Na primeira conversa, ela precisa lidar com um gerente de banco, frio e pouco amável, que acaba por fazê-la compreender a necessidade de diminuir seus gastos. Ele não acha que ela deva cobrir o saldo negativo fazendo um empréstimo, o que seria muito arriscado em pleno divórcio.

Conselho 1
Conclua suas entrevistas, reuniões, jantares com um final feliz, para não dar idéia de abandono nem rejeição.

Conselho 2
Evite os conflitos de relacionamento, a fim de não despertar tristeza nem raiva.

Conselho 3
Não se imponha mensagens muito negativas, que podem desenvolver complexos e aumentar a falta de confiança em você mesmo(a).

Conselho 4
Exprima suas idéias, opiniões, sentimentos e emoções a fim de liberar sua energia mental e tornar-se disponível psicologicamente.

Conselho 5
Ancore-se (*ver p. 118*) em realizações e projetos de que você gosta.

Na segunda reunião, ela se confronta com sua chefe, que deseja retirá-la do bloco cirúrgico do hospital, a ser transformado em casa de repouso, e propor-lhe uma vaga de enfermeira em um novo hospital. Mas Estefânia sabe que encontraria um cargo idêntico, no hospital central, a 20 quilômetros de sua casa! Sua chefe, no entanto, prefere que ela continue onde está.

Estefânia está consciente de que uma negociação conduzida em condições adequadas preservará as boas relações que ela mantém com o gerente do banco e com sua superior hierárquica. Adota então um comportamento em que:

- é sorridente, calma e agradável,
- escuta,
- questiona e defende seu ponto de vista de maneira clara, e
- inicia e termina a conversa calorosamente.

Como resultado, Estefânia obteve um empréstimo com seu gerente após fazê-lo compreender sua situação. Ela também se comprometeu a fazer um esforço para administrar melhor o orçamento. Dentro de um mês, eles vão reavaliar a situação.

No segundo caso, ela soube explicar à sua superior hierárquica que preferiria ficar ligada ao bloco cirúrgico do hospital central com uma equipe mais jovem a se ocupar de pessoas idosas nesse momento.

Ela conseguiu atingir seus dois objetivos.

Evite os conflitos de relacionamento

Estefânia não tem, de forma alguma, necessidade de aumentar sua tristeza ou sua cólera. O que ela vive já é bastante difícil de suportar. Decidiu que, em hipótese alguma, vai provocar um conflito de relacionamento, ferindo ou atacando seus interlocutores. Ela repele reações indelicadas, sempre tão inúteis, mesmo quando a opinião do outro é o oposto da sua. Uma situação de conflito sempre deixa marcas. Sua técnica: fazer perguntas cabíveis e coerentes com a situação. Por exemplo:

Gerente do Banco: "Seu saldo negativo está muito alto. Não é possível mantê-lo assim por muito tempo..."

Estefânia (tom calmo): "O que o senhor poderia fazer para me ajudar nesse momento?"

Ela adota uma resposta positiva em vez de dizer algo como: "Eu pago juros, está reclamando do quê? Bancos só emprestam aos ricos".

Não se imponha mensagens muito negativas

Eis aqui exemplos de mensagens negativas que teriam graves conseqüências sobre a motivação e o entusiasmo de Estefânia, se ela deixasse:

- "Você não ganha o suficiente para viver!"
- "Você gasta demais!"

- "Você não é racional!"
- "Se não tivesse feito a besteira de se separar do seu marido, você não estaria nessa!"

Exprima seus pensamentos, idéias, opiniões, sentimentos e emoções
Estefânia tem necessidade de falar. Então, dá uma passada para ver a amiga, conta suas conversas, relata o esforço sobre-humano que teve de fazer para se controlar, expressa sua alegria por ter obtido as melhores soluções possíveis etc. Essa conversa permite pôr para fora aquilo que a monopoliza mentalmente e liberar seu espírito para estar de novo disponível e gostar do que faz.

Agarre-se a realizações e projetos de que você gosta
Estefânia gosta muito de jogar tênis. Com a amiga, decidiu retomar as aulas. Ela adora esse momento de relaxamento, que lhe permite descontrair-se e esquecer suas preocupações momentaneamente. Para ela, essa atividade representa a vida que continua, apesar de tudo. O fato de pensar assim cria nela um bem-estar que se traduz em entusiasmo renovado.

Sua perseverança

A noção de esforço é indissociável da construção de nossa motivação. Num determinado momento, traçamos um objetivo e sentimos-nos profundamente motivados pela idéia. Mas, logo em seguida, ao atravessarmos uma fase desanimadora, sentimo-nos desmotivados. Se não mantivermos a perseverança nessas horas de desânimo, não realizaremos nosso objetivo.

Extraia sua motivação da ancoragem

Por que Filipe (*ver p. 119*) conseguiu vencer a dificuldade e manter seu objetivo? O que lhe permitiu resistir? Por que ele permanece sempre motivado?

- Para começar, ele fez uma constatação positiva sobre o caminho que foi capaz de percorrer.
- Concentrou-se num objetivo realizável a curto prazo.
- Por último, a fim de colocar todas as oportunidades ao seu lado, apoiou-se na ancoragem: ele se sente melhor, recorre à visão de seu cunhado, da mulher e dos filhos.

FILIPE: A FORÇA DA VONTADE

Filipe está se aproximando dos 50 anos. Seu cunhado acaba de falecer de câncer de pulmão. Ele se sente motivado a parar de fumar. Na mente, constrói um roteiro com todas as vantagens: saúde melhor, sua mulher que não fuma e detesta cheiro de cigarro, seus filhos que têm horror à fumaça. Ele sabe que é possível e decide parar no dia seguinte à festa de Ano-Novo. No começo, tudo vai mais ou menos bem. Depois, as tentações vão se multiplicando: os jantares com amigos fumantes, as angústias no trabalho, o dia-a-dia no lar... Uma noite, sozinho na sala, diz a si mesmo: "Deve ter sobrado um maço de cigarros em algum lugar... E, afinal de contas, é só um cigarrinho... Estou com tanta vontade!". Mas então ele começa a pesar os prós e os contras, reage e se convence: "É muita tolice, faz nove meses que estou sem fumar, me sentindo melhor, assim como a minha família... Não, eu vou agüentar até amanhã. É melhor ir me deitar e resistir à tentação".

No dia seguinte, ele se levanta orgulhoso por ter resistido e perseverado em seu esforço.

Seguir o esforço de Filipe em plena fase de desencorajamento pode se revelar muito útil. Podemos resumi-lo em três pontos:

1. Faça uma constatação positiva.
2. Fixe para si mesmo um objetivo realizável a curto prazo.
3. Apóie-se na ancoragem.

Esse método vai favorecer a perseverança por permitir continuar nosso esforço.

O que se depreende muito claramente do exemplo anterior é que, para contribuir com o esforço e manter perseverança, é necessário, às vezes, adquirir um certo controle do tempo: organizá-lo, escolher as prioridades e avaliar o tempo necessário para cada ação.

Faça agora o teste "Mudando de atitude", no fim deste capítulo (*ver p. 122*) para identificar posturas a serem alteradas.

ADMINISTRE SEU TEMPO

Para conseguir se motivar e perseverar na motivação, é necessário ter um comportamento que leve em conta gestão do tempo.

Reserve um tempo para refletir, parar e centrar-se.

Durante essa fase, devemos refletir sobre nossas escolhas e objetivos. Se deixarmos nosso espírito divagar, conseguiremos enxergar de forma mais clara e formular os argumentos que nos ajudarão a seguir em frente. As metas são nossa força mobilizadora e fonte de motivação, além de um poderoso meio de reencontrar nosso tempo interior.

Faça concessões

Nossas obrigações podem ser estipuladas. Nossas mensagens negativas podem ser moduladas por concessões. Por exemplo, se repetimos para nós mesmos: "estou sobrecarregado e frustrado porque não consegui terminar meu trabalho", a mensagem subjacente é: "Exigem demais de mim! Tenho de me fazer concessões: vou passar uma dessas pastas para outra pessoa cuidar". A concessão evita o estresse.

Observe seu ritmo e conforto

Temos ritmos biológicos diferentes. Devemos detectar no dia-a-dia quais os momentos em que somos mais eficazes para realizar essa ou aquela tarefa. Um exemplo: das 10h ao meio-dia, estou em plena forma. Portanto, devo começar com o trabalho administrativo, que me exige menos, deixando para responder *e-mails* e ligações na segunda parte da manhã.

Analise o tempo perdido

Exiba mentalmente o filme do seu dia e identifique os momentos em que desperdiçou ou perdeu tempo.

Feita essa constatação, estabeleça a lista das tarefas, realizáveis ou não, que devem ser executadas nos próximos dias. Ser muito ambicioso ou exigente em com a agenda cria frustrações e já sabemos que as frustrações são uma fonte de desmotivação.

Organize-se

De uma maneira simples e rápida, podemos listar:

- Nossas prioridades (o que pode significar renúncia a outras tarefas);
- Nossos meios para realizar essas tarefas;
- A divisão das tarefas;
- Os papéis: explicar a cada um sua tarefa e fornecer-lhes meios de executá-la;
- As felicitações: pensar em felicitar a si próprio e aos outros pelas tarefas realizadas.

Carolina: listando as prioridades

As férias aproximam-se. Como acontece todos os anos, Carolina está enlouquecida e desmotivada de antemão com a idéia de fazer as malas, alugar casa na praia, fazer compras, pensar no que será preciso levar etc. Ela está prostrada. "São férias para todos, menos para mim", conclui.

Senta-se tranqüilamente numa poltrona e pensa: "Vejamos, devemos partir sábado de manhã bem cedo; portanto, é necessário preparar tudo na sexta-feira à noite. Quem estará lá? Meus quatro filhos e João Carlos. Ele deve voltar cedo do trabalho. Quanto tempo levaremos para arrumar tudo? Duas horas. Se eu me ocupar das tarefas que me cabem a partir da quarta-feira, posso fazer tudo sem me estressar. Em vez de fazer tudo no último momento, vou fazer meu curso de molduras na quarta à tarde e, às 16h, vou me ocupar com isso durante duas horas. Na quinta, como as crianças ficam na escola, posso ir ao supermercado de manhã fazer as compras, o que me permitirá ir ver a exposição de pintura à tarde, como eu tinha previsto antes. Na sexta de manhã eu limpo a casa e termino de arrumar as malas.

Hoje não fiz nada de útil. Parece que não avancei. João Carlos sempre diz que eu me confundo à toa, que sou desorganizada. Vou fazer a lista:

- Hoje de manhã: compras. Perambulei pelas lojas. Perdi pelo menos uma hora.
- Preparei o almoço. Almoçamos.
- Hoje à tarde: emoldurei uma gravura. Voltei duas vezes ao centro da cidade porque faltou material. Se tivesse feito uma lista, poderia ter evitado isso. Perdi mais uma hora.

Para organizar a partida para as férias, vou elaborar uma lista de tudo o que tenho de fazer, por ordem de prioridade. Também vou dar uma lista para cada um de meus filhos e para o João Carlos com o que eles têm de fazer. Vou acabar sendo a dona de casa mais organizada do mundo...

No sábado de manhã, às 8h, na hora certa, todos estão prontos. Com um grande sorriso, Carolina agradece aos filhos e ao marido por terem participado, pois é a primeira vez que eles saem de férias sem discussões. Ela não está muito cansada e pela primeira vez mostra-se entusiasmada. Todos estão motivados nessa partida.

As felicitações são muito estimulantes e geram em todos o desejo de perseverança.

O exemplo de Carolina comprova a eficácia de uma boa gestão do tempo e os efeitos produzidos com a motivação. A gestão do tempo aplica-se a todos os campos, qualquer que seja o setor de atividade. Tomamos o exemplo de uma dona de casa, porque é mais difícil motivar-se quando as obrigações são informais. Essa fase da construção da motivação é muito importante, sobretudo para as pessoas que não têm – mas tiveram – obrigações informais, como aquelas que estão à procura de um emprego.

Mudando de atitude

Anote na coluna "Minhas dificuldades" tudo o que exige ou exigiu de você coragem e vontade. Na coluna "Meus argumentos", registre o que disse a si mesmo quando se viu diante da situação em questão ou o que deverá dizer, quando isso ocorrer.

Minhas dificuldades	Meus argumentos
• Devo fazer minhas contas regularmente, anotar meus gastos nos cheques e assim meu saldo não vai ficar descoberto no banco.	• Nunca fiz isso e percebo que nunca sei qual é minha situação nem o que fazer para não ficar a descoberto. • Fico estressado cada vez que preencho um cheque. • Hoje à noite vou começar a fazer meu controle dos cheques.
Seis meses mais tarde	
• Estou cansado e, além disso, está passando um filme legal na televisão. Outra hora eu faço o controle, estou cansado disso.	Faz três meses que não fico com saldo negativo, depois que passei a controlar regularmente meus cheques. Isso exige de mim uma hora a cada semana. Não é tão terrível assim. Cada vez que preencho um cheque, tenho condições de saber a quantas anda minha conta, sei qual é meu saldo, não me estresso mais, agora sei quais são as despesas prioritárias (ancoragem). Isso me toma uma hora. Se eu começar agora, às 20h30 terei terminado. Depois faço meu prato e janto assistindo ao filme na televisão. Não vou mudar meu dia de fazer o controle dos cheques.
Agora faça você mesmo:	
______________________________	______________________________
______________________________	______________________________
______________________________	______________________________
______________________________	______________________________
______________________________	______________________________
______________________________	______________________________

Capítulo 8

EM SINTONIA COM O AMBIENTE

Sabemos agora que todos dispomos de meios para nos motivar. A motivação não está reservada apenas para os outros, mas também para nós mesmos, além de estar ao nosso alcance — pois aprendemos a nos conhecer, a utilizar nosso potencial e a confiarmos em nossas capacidades.

Agora somos capazes de determinar nossas necessidades e de conceber projetos. Cada projeto inscreve-se num contexto, que deve ser levado em conta. O ambiente em que nos desenvolvemos também representa um potencial que nos será útil na realização dos projetos. Devemos estar muito atentos ao que nos cerca, pois o ambiente e, sobretudo, os outros, enviam-nos constantemente mensagens que também servem para nos guiar.

Escutar os outros

Vamos conhecer a seguir a história de Manuela. Na sequência, é importante analisar as causas de seu fracasso e identificar no comportamento dela o que a impede de realizar seus projetos.

Manuela: os perigos da prepotência

Manuela é uma jovem entusiasmada, otimista, cheia de energia e segura de si. Está se preparando para fazer uma tese sobre comércio. Deve fazer o exame final daqui a dois meses e tem certeza de que será aprovada. É uma aluna brilhante, a melhor de sua classe. Depois do exame, ela quer continuar os estudos e ingressar numa escola de comércio.

Ela quase não escuta os outros e parte do princípio de que tem sempre razão – afinal, não é a melhor aluna da classe? Ela tem dificuldade em manter uma relação constante com os outros. Quando falam de Manuela, dizem: "É muito segura de si, leva-se a sério e sempre está com a razão".

A duas semanas do exame, um amigo

(continua)

MANUELA: OS PERIGOS DA PREPOTÊNCIA *(continuação)*

de seu pai lhe oferece um emprego em sua empresa. Ela começaria como assistente da secretária da diretoria, que deve se aposentar em dois anos. Nesse tempo, se tiver um desempenho satisfatório – coisa de que ninguém duvida –, substituirá essa secretária e poderá progredir rapidamente na empresa, que tem mil funcionários e está em plena expansão. Manuela recusa a proposta e nem se dá o trabalho de refletir sobre ela. Não discute o assunto com ninguém, nem sequer com seus pais. Ela pretende entrar na escola superior de comércio.

Ela passa no exame e, como previra, é aprovada com louvor. Inscreve-se como candidata à escola de comércio de sua cidade. Na véspera do vestibular, vai à praia, mas, como o tempo está frio, acaba se resfriando. Ela presta o vestibular mesmo debilitada pelo resfriado.

Ao sair da sala, encontra um de seus amigos, que lhe propõe um estágio de seis meses na Inglaterra. A exemplo do que fizera com a oferta do amigo de seu pai, ela recusa.

Saem os resultados do concurso: Manuela foi reprovada. Que ducha de água fria! Envergonhada e decepcionada, ela se indispõe com o mundo inteiro. Não compreende como a escola a preteriu por alguém do curso secundário, muito menos brilhante do que ela. Tinha tanta certeza de que seria aprovada que nem se inscrevera em outra escola. O que fazer agora?

Ela pode se reapresentar no ano seguinte ou procurar trabalho. O amigo de seu pai dá a entender que é tarde demais e que não gostou do modo insolente com que recusou sua oferta. Quanto ao estágio na Inglaterra, seu colega explica que, diante da recusa categórica, fez a proposta a outra pessoa e aguarda uma resposta. Seja como for, não viajarão juntos. Ela lhe dissera que isso não ficaria bem.

Um ano depois, Manuela, ainda desempregada, aceita um cargo de secretária em uma loja de artesanato, ganhando um salário mínimo. Já não tem disposição para prestar o concurso e entrar na escola de comércio, como desejava. Sente-se desiludida, envergonhada, não ousa nem voltar a ver seus velhos amigos.

Manuela não leva em conta o seu ambiente e toma suas decisões sozinha. Recebeu mensagens dos outros, porém as rejeitou ou ignorou. É demasiadamente segura de si. Esquece que os outros estão ali para ajudá-la, mostrar-lhe o caminho, motivá-la. Age impulsivamente, sem refletir nem pedir conselhos. É desagradável e acaba por desencorajar os que lhe enviam mensagens. Manuela tem como mudar as coisas, mas precisa analisar com urgência o que aconteceu e aprender a lição para modificar seu comportamento.

Interprete as mensagens

Escutar nosso ambiente significa interpretar e ver as oportunidades que nos apresentam e estar pronto para utilizá-las em nosso benefício.

O homem que fala com Deus*

Esta história se passa em janeiro, na cidade de Camargue, uma região sempre vítima de grandes inundações. Numa vila isolada, o nível da água sobe rapidamente. Um homem está na escadaria de sua casa, com a água atingindo o primeiro degrau.
Aparece um jipe, que se oferece para levá-lo dali.
"Não, não", responde ele. "Cuidem dos meus vizinhos, o Senhor zela por mim e me salvará." Junta as mãos, ergue a cabeça para o céu e acrescenta: "Eu falo com Deus".
Duas horas depois, a água alcança o primeiro andar de sua casa. O homem está à janela. Chega uma caminhonete, que tenta tirá-lo de lá. Sem sucesso.
"Não, não", responde ele. "Cuidem dos mais necessitados, eu falo com Deus."
A caminhonete vai embora. Horas depois, a água subiu ainda mais. O homem refugiou-se no telhado, quando chega um helicóptero e lança uma corda.
"Não, não", responde o homem. "Ajudem quem precisa. Eu falo com Deus."
Mais tarde, a água acaba cobrindo o telhado da casa, homem morre afogado e finalmente se encontra com Deus:
"Que aconteceu, meu Deus? Eu tinha uma fé imensa e o Senhor me abandonou?".
"Como?", replica Deus. "Decididamente, não há pior cego do que aquele que não quer ver! Lembra-se do jipe?"
"Sim."
"Lembra-se também da caminhonete e do helicóptero? Pois bem, fui eu quem os enviei a você! O que mais você queria?!"

* *História extraída de* Business Jokes, *de Paulina Dauret, Christophe Compan, Égico, 1994.*

A história acima nos mostra que não é de nosso interesse ignorar ou negligenciar os sinais que os outros enviam. Não é ficando só na expectativa que alcançaremos os nossos objetivos. Quanto mais atentos nos mostrarmos em relação ao que acontece a nosso redor, mais razões acabaremos descobrindo para nos motivar.

A oportunidade apresenta-se na nossa frente freqüentemente. Precisamos estar sempre alertas para aproveitá-la. Para Manuela, a oportunidade veio na forma de uma proposta de emprego pelo amigo de seu pai e na proposta de estágio na Inglaterra. Manuela fechou os olhos, por excesso de autoconfiança, às duas oportunidades. Ela não pode dizer que não teve sua chance. Teve duas e não as aproveitou. Temos de merecer a oportunidade que nos é oferecida. Precisamos estar abertos para poder reconhecê-la e aproveitá-la.

O teste "Você e seu ambiente" (*ver p. 137*) vai ajudá-lo a escutar e interpretar melhor o mundo a seu redor e, inclusive, a adotar uma nova atitude.

Ser positivo

Não existem problemas, só soluções! Nosso estado de espírito tem conseqüências muito importantes sobre a motivação. Ao adotar um ponto de vista positivo, aumentamos as chances de sucesso. Nem tudo é cor-de-rosa todos os dias. A vida é cheia de imprevistos e contratempos. Ao recuar e dar prova de otimismo, podemos transformar o olhar que lançamos sobre o ambiente e, assim, modificar o olhar que os outros lançam sobre nós.

Quando nos colocamos num estado de espírito positivo, mudamos de comportamento. Essa mudança consiste, de um lado, em adotar um ponto de vista que nos faça encarar as situações da maneira mais objetiva possível e, de outro, em tomar consciência de nossa pessoa, atitudes corporais, aparência física e imagem.

Cuide da sua aparência

Você já ouviu falar do mimetismo. É um sorriso que atrai outro, aquela careta que você responde com outra careta, ou mesmo uma atitude agressiva que provoca uma resposta idêntica – é o efeito espelho! Disso se deduz que, se você cuidar da sua aparência, e se mostrar agradável e sorridente, os ou-

Francisco: satisfação contagiante

Francisco trabalha numa grande empresa de prestação de serviços. Cuida da contabilidade. É uma pessoa triste e acha que todo mundo ao seu redor também é tristonho. De manhã, vai trabalhar arrastando os pés. Já não suporta nem os colegas nem seu patrão. E nem sabe bem por quê. O escritório onde trabalha é cinzento, sem graça. A secretária do departamento tem uma espinha no nariz, nunca sorri. Francisco inveja o pessoal do escritório ao lado, que se diverte o tempo todo. Ele conversou com Catarina, que trabalha lá: a moça estava em forma, sorria, pusera até flores na mesa de reunião. Após a conversa, sentiu-se melhor e está pensando até pedir uma mudança de serviço. As coisas parecem tão alegres no escritório ao lado.

tros reagirão da mesma forma devido ao efeito espelho. Sendo simpáticos, despertamos no próximo a vontade de nos retribuir na mesma moeda.

Você no trabalho

1. Retome a história de Francisco (*ver p. 126*) e imagine como ele poderá encontrar motivação para continuar trabalhando, sem invejar os vizinhos.
2. Já deparou com situações semelhantes? Nessas ocasiões você faz a si mesmo(a) perguntas adequadas? É objetivo nas respostas?

Francisco é em grande parte responsável pelo que acontece a sua volta. Ele poderá modificar sua situação e torná-la mais satisfatória se, por exemplo:

- Tomar consciência de que ele próprio está triste e se perguntar por que está assim. Consciente, ele poderá analisar tudo e encontrar soluções para melhorá-la racionalmente.
- Transformar e tornar o seu ambiente mais alegre e descontraído. Dando um toque pessoal ao escritório – colocando fotografias que tragam boas lembranças, objetos que aprecie, flores etc. –, ele se sentirá melhor, pois poderá se fortalecer olhando esses objetos. O fenômeno da ancoragem (*ver p. 87*) irá ajudá-lo.
- Conseguir enxergar em sua secretária algo mais que a espinha no nariz. Será que não vai apreciar mais o trabalho que ela realiza, os serviços que presta? E, depois, talvez ela tenha belos olhos que ele não percebeu, ou até esteja livre e desimpedida...
- Chegar sorridente, todas as manhãs, e desejar saúde a todos com um efusivo e descontraído "bom dia!".

A voz

Nossa voz nos introduz nos ambientes, apresenta-nos às pessoas. Podemos trabalhar a nossa voz de maneira que a tornemos mais agradável de ouvir. Eis alguns conselhos:

- Respire calmamente para ter uma boa elocução, normal, procurando não falar depressa demais.
- Adote um tom natural, justo e expressivo.
- Varie a entonação da voz para torná-la melodiosa.
- Procure articular-se bem.
- Preste atenção ao volume da sua voz: não fale nem muito baixo nem alto demais.

O sorriso

É o primeiro passo para ver a vida com mais alegria, positivamente e para se motivar com entusiasmo. Então, antes de qualquer coisa, sorria! Se você não tem o costume de sorrir, faça um esforço. Sorrir pode fazer a diferença e ser um objetivo na sua vida. Transforme o hábito de sorrir num costume adquirido.

Sorria!

Tenha por objetivo sorrir ao menos quatro vezes ao dia, por exemplo. No primeiro dia, quatro vezes; no segundo, cinco; no terceiro; seis, e assim por diante.

TENHA CUIDADO COM A LINGUAGEM

Nossa linguagem é, em parte, o reflexo do nosso pensamento. Se empregamos expressões negativas, é porque pensamos negativamente e, e isso se refletirá na execução dos nossos projetos. Ao nos exprimirmos de maneira negativa, emitimos ondas negativas e tendemos a obter respostas semelhantes, que nos impedem de avançar ou de nos motivarmos. Por isso:

- Utilize frases afirmativas.
- Empregue palavras positivas.

Eu me expresso assim...

1. Escute a si mesmo falando!
2. Observe se você emprega sempre expressões positivas.
3. O que você constatou?

Todos nós utilizamos expressões ou palavras de conotação negativa ou depreciativa.

Ao adotarmos uma atitude negativa, criamos em nosso interlocutor uma predisposição igualmente negativa. Provocamos nele a recusa e a rejeição. Podemos constatar isso, sobretudo, na maneira pela qual formulamos as perguntas. Ao utilizar a negação (interrogações negativas), ficamos esperando um não ou a confirmação de que o que pedimos não pode ser feito.

Cláudia: adolescente insegura

Cláudia é uma adolescente de 13 anos pouco segura de si. Tem medo de enfrentar recusas quando quer alguma coisa. Aparentemente, não sabe formular suas perguntas, pois obtém quase sempre uma resposta negativa. Então, não pergunta nada ou, quando é obrigada a fazê-lo, fica constrangida, torce as mãos, enrubesce. Se, por exemplo, pergunta à mãe"será que poderei ir ao cinema, mamãe?", sua mãe não deixa. Ela se sente rejeitada em relação ao irmão, que, com 14 anos, consegue tudo o que quer. Cláudia acha isso injusto e tem ciúmes. Quando ele quer ir ao cinema com os amigos, ele diz à mãe, com o mais doce dos sorrisos: "Mamãe, ainda tenho um pouco da mesada e, esta tarde, meus amigos e eu decidimos ir ao cinema na sessão das 16h. Ok? Obrigado, mamãe". E a coisa funciona. Cláudia não compreende.

Analise os seguintes exemplos de frases negativas:

- "Será que você não poderá me receber na próxima quinta-feira?"
- "Você não fez os seus deveres?"
- "Você não pode me dar uma ajuda?"

Em vez disso, procure dizer:

- "Você pode me receber na próxima quinta-feira, às 9h, ou prefere quarta-feira, às 16h?"
- "Você fez os seus deveres?"
- "Por favor, você vem me ajudar?"
- "Você pode me dar uma ajuda?"

Desse modo, seu interlocutor achará mais difícil responder-lhe com um não ou abrandará sua resposta.

Suprima a palavra "problema" do seu vocabulário

Isso exigirá, a princípio, um esforço de concentração. Você deverá expressar suas frases diferentemente e transformar numerosos "problemas" em "acontecimentos", "situações" ou "questões". Perceberá que quase sempre não emprega essa palavra corretamente e que o que chama de "problema" não é de fato problema algum!

Eis algumas frases nas quais a palavra *problema* não aparece:

- "Como você vê, fazer esse trabalho é simples."
- À Previdência Social: "Bom dia, vim falar a respeito dos meus reembolsos".
- À clientela: "Bom dia, em que posso ajudar?".
- "Bom dia, meu carro não quer dar a partida esta manhã, você sabe que não é a primeira vez. Isso me chateia. Você pode descobrir o que acontece e fazer o necessário para que isso não se repita?"
- À sogra: "Obrigado por ficar com as crianças, você vai ver que eles são bem comportadas".
- O político: "Quanto à exclusão...".
- A professora: "Bom dia, gostaria de falar sobre seu filho. É um bom aluno. Se fosse mais calmo, então... seria perfeito!"

Faça o exercício "Sem a palavra 'problema'" no fim deste capítulo (*ver p. 138*) para exercitar essa habilidade.

Empregue frases afirmativas e perguntas positivas
Não utilize mais perguntas negativas que se utilizam de "não". É mais longo e mais cansativo. Elas dão vontade de responder "não".

Se você tem filhos, eduque-os recusando-se a responder quando eles lhe fazem uma pergunta que comece por: "Mamãe (ou papai), será que você não podia...?".

Fale positivamente

1. Interrogue-se você mesmo sobre o modo como costuma exprimir-se.
2. Observe as expressões que emprega.
3. Substitua-as por expressões positivas.

Empregue palavras positivas e fortes.
Existe uma série de frases e expressões que podem ser substituídas e utilizadas sob uma ótica positiva. Acompanhe o quadro a seguir.

Negativas e positivas

Palavras ou expressões negativas	Palavras ou expressões positivas
Isso levará pelo menos três dias!	Isso levará apenas três dias!
É um pouco difícil.	É bastante simples.
O defeito do sistema.	A característica do sistema.
Tenho medo, receio que isso não funcione.	Tenho certeza, estou convencido de que tudo irá bem.
Corro o risco de perder.	Tenho chances de ganhar.
Isso vai mudar os meus hábitos, não gosto muito disso.	Essa é uma nova maneira de ver as coisas, vou me adaptar e tirar vantagens disso.
Certo, não é tão longo, mas é mais difícil.	Vou ganhar tempo, então vale a pena investir nisso.
Não é de má qualidade.	É de boa qualidade.
Não, mas...	Sim, mas... sim, sim!
Isso não deixa de ter interesse.	É muito interessante.
Tenho quatro exercícios para fazer, ainda faltam dois!	Faltam apenas dois exercícios.
Não desligue.	Aguarde um momento, sim?
Ele não está aqui.	Ele estará aqui dentro de dez minutos.

1. Encontre 15 palavras ou expressões que você emprega regularmente no escritório, em casa, em sociedade, e que têm uma conotação negativa. Peça àqueles que o conhecem bem para ajudá-lo a detectar as expressões negativas que você utiliza.
2. Para cada uma dessas palavras ou expressões, encontre uma formulação positiva.

Tomar distância

Em certos dias, dizemos que seria melhor ter ficado na cama. Achamos que tudo vai mal. Desde o primeiro "incidente", ficamos desestabilizados. Em vez de reagir, suportamos o que nos acontece. Colocamo-nos num estado de espírito negativo, porque tomamos distância. Basta-nos então mudar o nosso ponto de vista e refletir sobre como poderíamos vivenciar as coisas diferentemente e de forma mais positiva.

LEONARDO: SE MUDAR, MELHORA

Pobre Leonardo: todos sabem que só lhe ocorrem contratempos! Cada vez que ele encontra alguém, a pessoa pergunta: "E então, Leonardo, qual é o seu problema hoje?". Isso porque ele tem sempre um problema para contar. O pobre Leonardo nunca sorri, diria você. Também, com todos aqueles problemas!
Hoje, por exemplo, ele vai ao departamento de trânsito fazer o licenciamento do novo carro. Quando chega, ainda está fechado. Uma hora depois, quando retorna, descobre que sua papelada não está completa! Para complicar as coisas, chove. Ele estaciona o carro novo ao lado de uma poça d'água e, ao sair, molha as calças até o joelho. Que falta de sorte! A sorte nunca sorri para Leonardo! Ele marcou um encontro com Germana. Há várias semanas, aguarda uma oportunidade de convidá-la para almoçar. E eis que justo hoje, por causa do licenciamento do carro, atrasou-se; por causa da chuva e da poça d'água, teve de voltar para casa a fim de trocar de roupa. Germana o esperou por uma hora e depois se foi. Pobre Leonardo!
Ao chegar em casa, passa pela zeladora, que lhe diz gentilmente: "Nenhuma correspondência hoje, senhor". Leonardo olha para ela e responde com uma grosseria: "A senhora não tem nada que mexer na minha correspondência". Furioso, bate a porta ao entrar e quebra a maçaneta. Pobre Leonardo!

• A "coleção de selos"

Trata-se de uma expressão utilizada em análise transacional para definir uma sucessão de acontecimentos e situações adversas, irritantes ao extremo, que suportamos sem reagir exteriormente. Cada "selo" é como um bônus que daria direito a um "presente": dizer o que se pensa. Mas a pessoa "explode" freqüentemente num momento inoportuno e de maneira desproporcional à situação ou ao acontecimento em questão.

Leonardo (*ver acima*) é o exemplo perfeito de uma "coleção de selos". Ele coleciona contratempos, aborrecimentos, decepções e frustrações. Cada um dos acontecimentos, tomado isoladamente, não é catastrófico em si. Mas é a sobrecarga que provoca nele uma reação violenta e agressiva, explodindo ao fim do dia, quando encontra a zeladora. A reação de Leonardo é, com toda a evidência, desproporcionada. A simples decepção de não receber correspondência leva-o a fazer uma acusação absurda: acusa-a de desonestidade e de curiosidade indevida! Nota-se que ele não conseguiu tomar distância e observar-se de fora. Toda a cólera que acumulou durante o dia não é dirigida ao endereço certo. Ela não é a responsável pelos contratempos que fizeram de seu dia um caos. Ele não soube relativizar os contratempos e conter sua agressividade. Se tivesse revisto todos os acontecimentos do dia, compreenderia que, de um lado, não se organizou bem e, de outro, não prestou atenção ao ambiente a seu redor.

Tomar distância ajuda a relativizar os "problemas" e a compreender o que está em jogo, quando passamos por situações difíceis.

Ser realista ajuda a motivar. Pensando sobre as coisas e tomando uma certa distância, superamos as dificuldades. Em vez de sermos sugados pelos nossos problemas, passamos a vislumbrar as soluções.

Coleção de selos

1. Pense em sua última "coleção de selos" e evoque o momento em que "explodiu".
2. Você reagiu com discernimento?

Adélia: é preciso mudar

São 7h da manhã. Como em todos os dias da semana, o despertador toca na casa de Adélia. "Chega! Está na hora de se levantar para ir trabalhar!" Adélia resmunga, pensa em tudo o que deve fazer durante o dia e, desanimada, torna a adormecer.
Quando olha a hora de novo, 7h45! Ela tem de chegar ao escritório às 8h! E só faltam 10 minutos.
"Mais um dia que começa bem", pensa ela. "Vou chegar atrasada e ficar com fome, pois não tenho mais tempo para o café-da-manhã. Meu chefe, sem dúvida, vai esculhambar comigo. É sempre assim, ele está sempre de mau humor! Não me levantei mais cedo por causa dele!"
"Não bastassem todas as preocupações que tenho no escritório e as chamadas que ele me dá. Não dormi bem e o resultado está aí!"

Ser realista

Pergunte-se por que Adélia (*ver acima*) não está satisfeita. Segundo ela, a causa de suas contrariedades é o seu chefe. Em vez de se perguntar o que poderia mudar para inverter essa situação, ela procura o responsável por todos os seus desgostos. Ela se desmotiva ao pensar que não tem o poder para mudar as coisas. A solução seria, para começar, dar um jeito de não se atrasar mais!

Adélia adota um raciocínio desmotivador, que a deixa inativa. Não faz a si mesma o questionamento correto. Vamos ver a seguir, tomando o caso dela, e questões que correspondem aos raciocínios motivador e desmotivador, com a ajuda do quadro abaixo.

Questões de um raciocínio desmotivador	**Questões de um raciocínio motivador**
• Qual é o problema? • Por que eu tenho esse problema? • O que é que é grave? • De quem é a culpa?	• O que é que eu quero obter? • Quando é que vou obtê-lo? • Quais são os meios e os recursos tenho para obtê-lo? • Como saberei que obtive um bom resultado? • Em que estado de espírito estarei quando conseguir o que estou querendo?

- As questões que correspondem ao raciocínio desmotivador giram em torno do "por quê". Elas nos fazem remoer a questão e nada resolvem, fechando-nos num processo negativo. Esperamos apenas que nosso ambiente mude.
- As questões que correspondem ao raciocínio motivador são formuladas no sentido de "como fazer para". Agindo dessa forma, assumimos o controle da situação e vamos realmente em busca de uma solução. Refletindo de maneira construtiva e positiva, convencemo-nos de que queremos encontrar essa solução.

Em conclusão:

- Coloque-se numa posição de vitória.
- Seja razoável e realista quando fixar os seus objetivos, não queime as etapas.
- Não confunda fim com meio.

No exemplo de Adélia:

- Objetivo = melhorar relações com o patrão ou o clima que reina no ambiente de trabalho.
- Meio = levantar-se 15 minutos mais cedo, por exemplo.
- Estabelecer sempre uma data para o seu objetivo.
- Escolha objetivos SMART:

Simples **M**ensuráveis **A**cessíveis **R**ealizáveis no **T**empo

Motivando-se

1. Escolha uma situação que lhe é desagradável.
2. Utilize primeiro o raciocínio desmotivador.
3. Ponha em prática o raciocínio motivador.
4. Mobilize-se para se motivar!

Raciocínio desmotivador	Raciocínio motivador
1. Adélia não consegue se levantar cedo, está atrasada, sabe que ficará com fome e que será repreendida pelo chefe. Tem muitas preocupações com o trabalho.	1. Adélia quer ir trabalhar com prazer, sem dizer a si mesma que irá passar o dia sendo repreendida.
2. Adélia tem esse problema porque se acha o "saco de pancadas" do seu chefe.	2. Adélia se dá um mês para mudar a opinião que o próprio chefe tem dela.
3. O mais grave é que ela não tem prazer em ir trabalhar e isso estraga sua vida.	3. Os meios e os recursos de que ela dispõe são: • Sua vontade de melhorar a situação. • Ter tempo de tomar o café-da-manhã, levantar mais cedo, não se deitar muito tarde. • Fazer todas as noites a análise dos fatos positivos do dia. • Pensar, ao acordar, em tudo de agradável que poderia acontecer em seu dia. • Refletir sobre sua organização de trabalho de modo que ela mesma consiga se aperfeiçoar, ou conversar sobre isso com o chefe, se necessário.
4. Para Adélia, o responsável por todos os seus problemas é seu chefe.	4. Adélia sabe que alcançará seu objetivo no dia em que for fácil levantar-se de manhã, chegar na hora, deixar de ser repreendida pelo chefe e puder conversar sobre suas dificuldades no trabalho. 5. Quando Adélia tiver alcançado esse objetivo, estará satisfeita consigo mesma, ficará orgulhosa do resultado e terá mais autoconfiança.

Dicas para você se motivar diariamente:
• Elimine a palavra "problema" de seu vocabulário. • Empregue frases afirmativas quando quiser obter alguma coisa. • Trabalhe a sua voz, para que ela seja suave e agradável. • Não se esqueça de sorrir! • Substitua as expressões negativas por formulações positivas. • Empregue palavras positivas e fortes. • Evite os fatores limitadores ou inibidores. • Procure as soluções e não as causas. • Pratique o raciocínio motivador: ▪ O que eu quero obter? ▪ Quando quero obtê-lo? ▪ Quais são os meios e os recursos de que disponho? ▪ Como saberei que obtive o resultado pretendido? ▪ Em que estado de espírito eu estarei quando tiver conseguido o que quero?

Você e seu ambiente

1. Reflita sobre a semana que você acaba de passar.
2. Pergunte a si mesmo se soube identificar todos os sinais que lhe enviaram e poderiam contribuir para ajudá-lo a realizar seus projetos.

- Você falou de seu projeto com seus parentes ou amigos, com pessoas que lhe conhecem bem, que você ama e que também amam você? Levou em conta o que disseram ou sugeriram?

Nomes das pessoas com quem falei	*Suas reações*	*O que eu acho dessas reações? Devo levá-las em conta? Como avaliá-las?*

- Quais são as questões que de fato o preocupam neste momento?
- Elas podem ter influência sobre o seu projeto?

Minhas preocupações	*Sua importância*	*As possíveis conseqüências em meu projeto*

- Quais foram os acontecimentos que marcaram estas últimas semanas?
- Como você os viveu?
- Eles têm ligação com o seu projeto? Poderiam ter?

Fatos marcantes	*Como você os viveu?*	*Que ligação eles têm com seu projeto? Quais são suas possíveis conseqüências?*

- Houve coincidências desde que você passou a pensar nesse projeto?

Sem a palavra "problema"

Formule as frases abaixo de maneira diferente:

1. "Veja, para fazer esse trabalho não há **problemas**.
2. Você vai à Previdência Social para receber o pagamento a que tem direito: "Bom dia, é sobre o meu **problema** do reembolso".
3. Você trabalha e está em contato com a clientela. Alguém vem visitá-lo ou telefona, e você diz: "Bom dia, qual é o seu **problema**?".
4. Esta manhã, seu carro se recusa a pegar, você vai chegar atrasado a um encontro e chama o seu mecânico, furioso: "Tenho mais um **problema** com o meu carro, ele não está dando a partida. A culpa é sua! Desde que você o revisou, só tenho **problemas**".
5. Você está saindo de férias e confia seus filhos à sogra, um pouco inquieta: "A senhora verá, eu garanto. Não vai ter **problema**".
6. Você é um político em campanha eleitoral e quer tranqüilizar seus futuros eleitores: "Bem, e quanto ao **problema** da exclusão, farei...".
7. Você tem uma entrevista com a professora de seu filho caçula (um aluno brilhante, mas pouco disciplinado). A professora começa a entrevista dizendo: "Bom dia. Sim, é sobre o **problema** do seu filho".